# KEINE ANGST VOR MISSERFOLGEN

Ludwig Morasch

# KEINE ANGST VOR MISSERFOLGEN

# DAS ERFOLGSBUCH!

*Unter Mitarbeit von Brigitte Dujmic*

Orac

WIEN • MÜNCHEN • ZÜRICH

*Ein Verlag der Donauland-Gruppe*
*im Hause Bertelsmann*

ISBN 3-7015-0421-0

Schutzumschlaggestaltung: Christin von Wels, Hamburg
unter Verwendung eines Fotos von Brigitte Dujmic
Lektorat: Eva Offenthaler
Satz: Zehetner GesmbH, A-2105 Oberrohrbach
Druck und Bindung: Wiener Verlag, Himberg bei Wien

*Gesetzt nach den Regeln der neuen deutschen Rechtschreibung*

# Inhaltsverzeichnis

# VORWORT

**Erfolg zu haben ist doch so einfach. Jeder kann erfolgreich sein, wenn er bereit ist, aus seinen eigenen Misserfolgen und den Erfahrungen anderer im Umgang mit Misserfolgen zu lernen. Wenn Sie wirklich wollen und sich konsequent an die Regeln dieses Buches halten, werden auch Sie bestimmt Erfolg haben – das garantiere ich Ihnen! Glauben Sie einfach an sich und Ihren Erfolg!**

Ursprünglich sollte dies ein Buch für Manager werden, nicht zuletzt, weil ich aus Fachkreisen immer wieder dazu gedrängt worden war, mein Wissen endlich schriftlich festzuhalten. Doch bei genauerer Beleuchtung meiner Aufgabenstellung und meines Anliegens, Menschen die Angst vor Misserfolgen zu nehmen – im Zuge meiner Recherchen sprach ich auch sehr gerne mit „ganz normalen" Mitbürgern –, stellte ich fest, dass ich mich mit diesem Thema eigentlich an alle wenden sollte, weil sich jeder Mensch mit Rückschlägen und Niederlagen auseinander zu setzen hat, sei es im privaten oder beruflichen Leben.
Vertrauen Sie mir! Dieses Buch wird auch Ihnen helfen, aus Misserfolgen zu lernen und sie nicht als Schicksalsschlag, sondern als neue Erfahrung, Herausforderung, ja sogar große Chance für neue, wirklich große Erfolge zu sehen, denn:

**Erfahrung ist die Summe aller Misserfolge!**

Sämtliche Erfahrungen meines bis heute relativ bewegten Lebens haben mich zu der Überzeugung gebracht, dass Misserfolge ganz wesentlich für neue Erfolge sind. Es ist wirklich so einfach: Nur wer Niederlagen und Abstürze erlebt und überlebt hat, hat eine Chance auf den ganz großen Durchbruch.

# WAS ZUALLERERST GESAGT WERDEN MUSS!

Ich danke meinen Eltern, dass sie meine langjährige, gute Ausbildung finanzierten und unglaubliche Geduld für ihren einzigen Sohn in den Jahren seiner Misserfolge aufbrachten. Ohne ihr Verständnis wäre ich heute nicht das, was ich bin – ein glücklicher Mensch, der bereits Erfolg im Leben hatte und natürlich an der Realisierung einer noch erfolgreicheren Zukunft arbeitet, der aber unter keinen Umständen auch nur einen einzigen seiner Misserfolge missen möchte.

Ich möchte mich an dieser Stelle unbekannterweise auch bei Richard Branson für sein Buch „Business ist wie Rock'n'Roll" bedanken. Und für seine offene Art, mit der er seine Misserfolge beschreibt. Im Vergleich dazu wirken meine klein und unbedeutend. Wahrscheinlich ist dies aber einer der wesentlichen Gründe dafür, dass Branson heute zu den reichsten und erfolgreichsten Engländern zählt. Er wollte es immer genau wissen, hat keine Herausforderung gescheut – wahrscheinlich gibt es kaum jemanden auf der Welt mit derart vielen und lang währenden Misserfolgen. Aber auch nur wenige Menschen mit einem so schönen, bewegten und erfolgreichen Leben. Die Seelenverwandtschaft zwischen uns beiden lässt sich nicht leugnen, doch in zwei Punkten unterscheiden wir uns ganz wesentlich. Branson ist seinen Weg im Beruf wie im Privatleben stets mit Partnern gegangen, ich größtenteils allein.

Heute könnte ich mir gut vorstellen, ehrlich gesagt, wünsche ich mir wahrscheinlich sogar, die Frau fürs Leben zu finden, der ich meinen bisherigen Weg erspart habe. Zugegeben, es wäre auch in schweren Zeiten manchmal schön gewesen, eine Schulter zum Anlehnen zu haben, eine Partnerin, die meine Sorgen mit mir geteilt hätte. Andererseits hatte mein Singledasein aber den großen Vorteil, dass ich Fehler machen durfte. Schließlich musste ich ja auf niemanden Rücksicht nehmen und brauchte daher keine Angst vor Misserfolgen zu haben. Ich stand auch nie unter dem Druck, meiner Familie zuliebe etwas auf keinen Fall tun zu dürfen, weil davon unser aller Existenz abhing. Ich konnte richtig unvernünftig sein, große Risiken eingehen und experimentieren. Bis jetzt ist es immer nur um meine Existenz, mein Wohlergehen, meine Siege oder Niederlagen gegangen. Der Einzige, vor dem ich für alle meine Handlungen Rechenschaft ablegen musste, war ich selbst. Diese Einstellung und Lebensweise ermöglichten mir natürlich einen der wesentlichsten Vorteile – nämlich angstfrei, ohne Verantwortung und Verpflichtung meiner Familie gegenüber agieren zu können.

Mittlerweile bin ich allerdings zu der Überzeugung gelangt, dass eine starke Frau oft maßgeblich am großen Erfolg ihrer besseren Hälfte beteiligt ist. Ja, ich teile sogar die Ansicht, dass hinter wirklich erfolgreichen Männern starke Frauen stehen. Alle Leserinnen würden mich jetzt wahrscheinlich gerne korrigieren, weil sie der Meinung sind, dass starke Frauen nicht hinter ihren erfolgreichen Männern, sondern zumindest neben ihnen stehen. Von solchen Fällen abgesehen würden sie bestimmt auch gerne lesen, wie sich die Situation im umgekehrten Fall präsentiert. Dazu haben Sie in Kapitel 8 ausreichend Gelegenheit. Und ich verspreche schon jetzt allen Interessierten, dass dieses eines Ihrer Lieblingskapitel sein wird. Ob Mann oder Frau, in einem Punkt werden Sie mir aber bestimmt alle Recht geben – es gehört eine gehörige Portion Glück dazu, den idealen Lebenspartner zu finden.

Besonderen Dank möchte ich auch meiner langjährigen Freundin und Geschäftspartnerin Heidemaria Brunmayr aussprechen, die mir in meinen ersten Misserfolgsjahren treu zur Seite stand – ursprünglich als Lebenspartnerin, später als Geschäftsfrau. Betrachte ich ihre bewundernswerte Karriere, bestätigt sich meine Theorie, dass nur große Misserfolge wirklich große Erfolge möglich machen.

Ganz besonders möchte ich dieses Buch aber all jenen widmen, für die Misserfolge im Leben etwas ganz Schlimmes bedeuten, gleich einer Ächtung der Gesellschaft, die sie als Verlierer betrachtet und auch genauso behandelt. Geben Sie bitte nicht auf, selbst wenn Ihre Strähne an Misserfolgen kein Ende zu nehmen scheint und Sie sich wie der Passagier eines sinkenden Schiffes vorkommen, mit dem Sie unterzugehen drohen. Versinken Sie ja nicht in Selbstmitleid, hören Sie endlich damit auf, sich ständig die gleichen Fragen zu stellen: „Warum immer ich?“, „Warum passiert das alles ausgerechnet immer mir?“ Sagen Sie lieber:

„Na gut, was mich nicht umbringt, macht mich nur noch stärker." Atmen Sie tief durch und freunden Sie sich mit dem Gedanken an, dass Sie eigentlich großes Glück haben, aus Ihren Misserfolgen lernen zu dürfen. Sehen Sie Ihre Niederlagen und Rückschläge endlich als echte Chance für Ihren nicht mehr aufzuhaltenden großen Erfolg. Den ersten Schritt, vielleicht sogar schon einige Schritte in die richtige Richtung haben Sie bereits getan. Mit Ihren Misserfolgen haben Sie sich nämlich die Basis für soliden, langfristigen Erfolg erarbeitet. Sehen Sie Ihre Abstürze und Flops als großen Vorteil gegenüber all jenen, die solche Erfahrungen noch nicht gemacht haben. Doch selbst wenn Sie zu dieser, wahrscheinlich eher kleinen Gruppe von Lesern zählen, die noch mit keinen Misserfolgen aufzuwarten haben, kann Ihnen das Buch mit jeder Menge nützlicher Anregungen und Überlegungen helfen.

**Das Wichtigste, das ab heute für Sie gilt: Haben Sie keine Angst vor Misserfolgen, denn sie sind eine große Chance für Ihren dauerhaften Erfolgsweg.**

Kapitel 1

# MISSERFOLG ALS BASIS FÜR ERFOLG

## KENNEN SIE IHRE MISSERFOLGE?

Was verstehen wir eigentlich unter Misserfolgen? Ja, von Erfolgen spricht jeder gerne und es gibt auch genügend Bücher zu diesem Thema. Aber Misserfolge! Nein, darüber spricht man wirklich nicht. Man hat doch keine Misserfolge, oder man gibt sie zumindest nicht zu.
Aha, man verdrängt sie einfach. Tun Sie das auch? Nun, ich glaube nicht, dass dies der richtige Weg ist. Sobald Sie nur ein paar Seiten dieses Buches gelesen haben, werden Sie mir schon Recht geben. Wenn Sie dieses Buch aber bis zum Ende gelesen haben und dann auch leben, wie es hier beschrieben wird, werden Sie in Zukunft ganz anders über Misserfolge denken. Spätestens ab diesem Moment werden Sie Misserfolge in einem ganz anderen Licht sehen und sie bestimmt nicht mehr verheimlichen, sondern als wichtigste Bereicherung Ihres Lebens akzeptieren.
Aber bleiben wir doch einmal beim „Erfolg“. Sollten Sie Menschen dazu befragen, werden Ihnen die unterschiedlichsten Definitionen unterkommen. Von Anerkennung im Beruf und Privatleben über ausgezeichneten Verdienst oder hohen Bekanntheitsgrad bis zur besonderen Auszeichnung oder Selbstverwirklichung werden Sie alles hören.
Wissen Sie eigentlich, wieso Sie erfolgreich sind? Haben Sie schon einmal darüber nachgedacht, welche Faktoren dazu beigetragen haben könnten? Oder haben Sie nur deshalb keinen Erfolg, weil es Ihnen an den meisten dieser Eigenschaften mangelt?

**Die persönlichen Erfolgsfaktoren**

Zugegeben, manche Erfolgsfaktoren sind uns vielleicht schon in die Wiege gelegt, andere ergeben sich aus unserem Umfeld. Mit einigen Faktoren muss man sich allerdings bewusst auseinander setzen, damit sie zur Wirkung kommen. Das, was einen Fahrer im Rennsport zum Champion macht, trägt auch im täglichen Leben zum Erfolg eines Menschen bei. In den folgenden Eigenschaften sieht Niki Lauda die wesentlichsten Erfolgsfaktoren für einen Champion in der Formel 1:

- Format
- Innere Gelassenheit
- Konzentration auf das Wesentliche
- Intelligenz
- Kraft
- Schnelligkeit

**Format** hat in gewisser Weise etwas mit Erziehung zu tun. Ich glaube aber, dass man das Format eines Champions nicht anerziehen kann, sondern dass es sehr viel mit den Ups und Downs des Lebens zu tun hat, besonders mit den positiv verarbeiteten Niederlagen. Format baut sich langsam auf.

**Innere Gelassenheit** resultiert aus dem Wissen, dass Fehler oder Abstürze zwar schmerzhaft sind, dass man aus ihnen aber lernen kann und dadurch stärker wird. Junge Menschen machen gerne den Fehler, sich bei etwas zu verzetteln. Sie beschäftigen sich mit vielen Dingen gleichzeitig und versuchen auch, möglichst viel auf einmal zu erledigen. Junge Menschen wollen viele Wege gleichzeitig gehen und alle sich ihnen bietenden Chancen nützen. „Alte Hasen" dagegen, die aus ihren Misserfolgen gelernt haben, konzentrieren sich ganz auf das Wesentliche. Erst mit zunehmender Erfahrung – und Erfahrung ist eben die Summe der Misserfolge – lernt man, dass es oft wesentlich vernünftiger ist, die eigenen Stärken und Schwächen zu analysieren und sich ganz auf eine gestellte Aufgabe zu konzentrieren, auch wenn man dadurch Zeit verliert.

Zum Thema **Intelligenz** möchte ich mich hier nicht auslassen, darüber können Sie in vielen Büchern nachlesen, falls Sie nicht sowieso Ihre eigene Meinung dazu haben.

**Kraft** ist leider eine Eigenschaft, die man aus unterschiedlichen

Perspektiven betrachten muss. Der Körper des jungen Menschen ist kräftig, doch mit zunehmendem Alter lässt die körperliche Kraft nach – wenn Sie auch noch so gesund leben oder Sport betreiben. Die mentale Kraft hingegen kann mit den Jahren stärker werden. Auf jeden Fall wird Ihnen jeder positiv verarbeitete Misserfolg und der aufgrund der Positiv-Spirale dadurch erzielte Erfolg mehr Kraft geben. Es liegt nun ganz an Ihnen, ein Gleichgewicht zwischen der durch das Alter abnehmenden körperlichen Kraft und der durch die Erfahrung zunehmenden geistigen Kraft herzustellen, vielleicht Ihre Kraft sogar trotzdem zu verstärken.
Mit **Schnelligkeit** verhält es sich wie mit Kraft. Ein Attribut der Jugend ist nun einmal die Geschwindigkeit. Sie kann aber auch durch unüberlegtes Handeln zu schwerwiegenden Fehlentscheidungen führen. Ich finde es allerdings gut, wenn junge Menschen rasch Fehler machen, weil sie dann schnell ihre Misserfolge ernten und genauso schnell daraus lernen können. Denn einer der wesentlichen Erfolgsfaktoren ist das rasche Verarbeiten von Misserfolgen. Und damit Sie möglichst wenig Zeit verlieren, sollten Sie sich nach einer Niederlage nicht bemitleiden oder die Fehler bei allen anderen suchen, sondern die Gründe ganz schnell analysieren, um es beim nächsten Versuch besser zu machen.
Nun, mit welcher dieser Eigenschaften identifizieren Sie sich am meisten? Oder sind Sie sowieso schon ein Champion? Einer oder eine, die den großen Erfolg gepachtet hat? Und was bedeutet Erfolg im Klartext für Sie? Mir persönlich fällt es jedenfalls viel schwerer, Erfolg zu definieren als Misserfolg. Wenn großer Erfolg bedeutet, sich völlig frei entwickeln zu dürfen, keine Angst haben zu müssen und dann auch noch unabhängig zu sein, habe ich es geschafft!
Aber wie habe ich es geschafft? Erstens, weil ich es unbedingt schaffen wollte, und zweitens, weil ich Gott sei Dank genügend Misserfolge hatte. Aus ihnen konnte ich lernen und meine Erfahrungen nützen. Für mich bedeutet Misserfolg absolut nichts Negatives, ich sehe in ihm die Chance, frei zu werden – und zwar angstfrei! Ein verdammt gutes Erfolgsgefühl – das können Sie mir glauben! Nie wieder Angst! Na ja, zumindest meistens nicht, um

ehrlich zu sein. Auch ich erlebe nach wie vor Situationen, in denen mich doch ein wenig die Angst überkommt. Aber ich baue dieses Gefühl so schnell wie möglich wieder ab, weil es mir niemals hilft, sondern immer nur schadet.
Natürlich gibt es wesentlich erfolgreichere Menschen als mich. Manch einer ist reicher, bekannter oder berühmter. Aber sind sie alle auch wirklich frei? Sind sie alle in der Lage, immer nur das zu tun, was sie wollen? Ich erinnere mich an ein absolut interessantes Angebot, das mir zu den oben erwähnten Erfolgsfaktoren verholfen hätte. Aber ich hätte meine Freiheit dafür aufgeben müssen – die Freiheit, nur das zu tun, was ich will. Schon damals habe ich mich gegen diese Erfolgsfaktoren entschieden. Und ich bereue es bis heute nicht.
Ich kenne Menschen mit den schönsten Schlössern, größten Yachten und Luxus-Privatjets. Aber sind sie wirklich frei? Weit gefehlt, sie können diese Spielsachen oft gar nicht nützen, weil sie vor lauter Erfolg keine Zeit dafür haben.
Verhält es sich mit Partnern eigentlich genauso? Ich war in meinem Leben nur einmal verlobt. Sie war eine außergewöhnliche Frau. Eine Frau, die ich über alles liebte und für die ich ganz bestimmt alle Erfolgsfaktoren geopfert hätte. Sie selbst, oder besser gesagt ihre Familie hatte alles, wovon ein „normaler" Mensch nur träumen kann. Meine Verlobte betrachtete all diese Erfolgsfaktoren jedoch nur als goldenen Käfig. Denn was ihr fehlte, war die Freiheit – die Möglichkeit nämlich, frei zu bestimmen über ihre Zeit, ihre Freunde und Bekannten und über viele einfache Dinge des täglichen Lebens. Gerne hätte sie all diese Erfolgsattribute, die ihr Leben bestimmten und krönten, aufgegeben für das eine, wirklich Wichtige – die Freiheit. Schließlich widersetzte sie sich dem Druck der Familie und entschloss sich zur Flucht mit mir. Sie wollte alles aufgeben, ihrer persönlichen Freiheit und mir zuliebe. Leider machten wir einen unverzeihlichen Fehler. Nur einen Tag vor Beginn unseres gemeinsamen Lebens benützten wir ein überwachtes Telefon – und aus war der Traum. Die Familie holte ihr Eigentum zurück. Ich gehe davon aus, dass diese wunderbare Frau heute zwar noch immer in einem goldenen, aber mit Sicherheit endgültig abgeschlossenen Käfig sitzt. Ohne jeglichen Kontakt zur westlichen Welt.

Also muss ich mir nun doch die Frage stellen: Bin ich eigentlich wirklich erfolgreich? Wo ist der Mensch, mit dem ich Misserfolge und die daraus resultierenden Erfolge teilen kann, mit dem ich so viele schöne Gefühle gemeinsam genießen kann? Na ja, wenn dies alles auch zum Erfolg gehört, dann fehlt mir doch noch einiges zu einem erfüllten und erfolgreichen Leben.
Heute glaube ich, erst dann wirklich erfolgreich zu sein, wenn ich meine Freiheit und Unabhängigkeit mit einem anderen Menschen teilen kann. Richard Branson scheint dies geschafft zu haben, während ich noch an mir arbeiten muss, um dieses große Ziel zu erreichen. Wie steht's denn mit Ihnen? Sind Sie in der glücklichen Lage, den richtigen Partner fürs Leben gefunden zu haben? Einen Partner, der für Sie da ist, wenn Sie ihn brauchen, der Sie aber niemals einengt oder bedrängt. Dann gratuliere ich Ihnen. Ihr Erfolg auf allen Linien ist nur mehr eine Frage der Zeit. Denn eines ist sicher: Geld allein ist bestimmt nicht ausschlaggebend für Erfolg! Erfolg, wie wir ihn uns wahrscheinlich alle wünschen – nämlich Glück und Erfolg. Ich habe überall auf der Welt Bekannte, die nur so im Geld schwimmen, sodass Außenstehende sie mit „erfolgreich" beschreiben würden. Da ich viele dieser Menschen aber näher kenne, weiß ich, dass manche von ihnen davon meilenweit entfernt sind, weiter als einer, der gerade mit einem schlimmen Schicksalsschlag fertig zu werden versucht.

## WAS SIE SCHON ZU BEGINN DIESES BUCHES WISSEN SOLLTEN:

Bevor Sie nun weiterlesen, sollten Sie in Ruhe die folgenden zehn Gebote des Erfolges studieren. Überlegen Sie, was diese Gebote für Sie bedeuten und in welcher Form Sie sie derzeit leben.

**Die zehn Gebote des Erfolges**

1. Leben Sie angstfrei und lassen Sie sich von niemandem in Angst oder Panik versetzen.
2. Verdrängen Sie Misserfolge nicht, sondern verarbeiten Sie sie positiv und lernen Sie daraus.

3. Wagen Sie neue, riskante und innovative Wege, denn nur so werden Sie sich vom Durchschnitt abheben.
4. Versuchen Sie, die Dinge anders zu sehen als die anderen und auch anders an sie heranzugehen.
5. Vermeiden Sie die Negativ-Spirale (siehe Kapitel 4) und besonders Menschen, die sich darauf befinden.
6. Setzen Sie sich hohe Ziele und investieren Sie viel Zeit und Mühe, diese zu erreichen. Laufen Sie der raschen Anerkennung nicht nach, denn wirklich bedeutende Erfolge bedürfen großer Geduld.
7. Setzen Sie sich gegen jeden Widerstand durch. Mit aller Kraft, denn große Erfolge verlangen noch größere Taten.
8. Sie müssen Ihren Erfolg unbedingt wollen. Sie können nämlich alles erreichen – wenn Sie nur wollen! Und mit jedem weiteren Misserfolg werden Sie das Können noch besser erlernen.
9. Vertrauen Sie sich selbst. Sollte es Ihnen auch noch gelingen, Ihr Vertrauen auf andere zu übertragen und zu stärken, sind Sie beinahe schon auf der obersten Stufe des Erfolges angelangt.
10. Lieben Sie den Misserfolg, denn er bildet die solide Basis für dauerhaften Erfolg und stellt Sie über alle Dinge.

Nun, wie sieht es aus? Können Sie mit diesen Geboten leben? Ich meine, können Sie damit wirklich leben? Sie sollten sich diese Leitsätze ernsthaft einprägen, bevor Sie weiterlesen. Denn dieses Buch kann nur dann zu Ihrem persönlichen Erfolgsbuch werden und seine volle Wirkung zeigen, wenn Sie das eben Gelesene nicht nur akzeptieren, sondern auch bereit sind, danach zu leben.

## DIE MAGIE DER MISSERFOLGE

Nun möchte ich Ihnen aber noch weitere Gründe nennen, warum ich dieses Buch geschrieben habe. Mehr oder weniger mühevoll angeeignete Erkenntnisse haben mich unter anderem dazu veranlasst, über Misserfolge zu schreiben, wobei ich den wesentlichen Anstoß von Gerhard Gschwandtner, einem erfolgreichen austroamerikanischen Verleger bekam. Der Gründer und Herausgeber von „Selling Power", der auflagenstärksten Zeitung dieser Branche in den USA, hatte nämlich im Zuge einer Recherche entdeckt, dass sich weltweit nur ein Buch zum Thema Misserfolg auf dem Markt befand. Entgegen dem Rat diverser Experten brachte „Selling Power" daraufhin eine Ausgabe zum Thema Misserfolg heraus. Und siehe da, es wurde die erfolgreichste Ausgabe überhaupt.

Ein Fakt, der mich zum Nachdenken brachte. Ja richtig, ich selbst kannte unzählige Abhandlungen zum Thema Erfolg, doch keine behandelte einen seiner wichtigsten Faktoren, nämlich den Misserfolg. Bei genauerem Nachdenken fiel mir auch kein Experte ein, der je in einem seiner Vorträge die Rede auf den Faktor Misserfolg gebracht hätte. Ich persönlich tat es eigentlich schon lange, aber einzig und allein aus dem Grund, meinen Gegnern schon vorweg den Wind aus den Segeln zu nehmen. Auf diese Weise konnte keiner meiner Kontrahenten Misserfolge meiner Vergangenheit ausgraben und gegen mich verwenden, weil ich ja gar kein Geheimnis daraus machte. Ich war stets frei und unangreifbar und somit bestens gerüstet und motiviert für provokative Vorträge, Handlungen und Konzepte.

Ratgeber, wie man am schnellsten, einfachsten und besten erfolgreich wird, gibt es in allen Sprachen und unzähligen Ausführungen – auf dem Buchmarkt wie in sämtlichen Bibliotheken. Aber versuchen Sie doch einmal, ein Buch zum Thema Misserfolg zu finden – Sie werden keinen Erfolg haben. Bedeutet dies nun, dass es auch keine Menschen mit Misserfolgen gibt? Denn sonst hätten sie über ihre Erfahrungen doch schreiben müssen, oder nicht? Hätten sie mit ihren Erfahrungen nicht vielen Menschen Mut und Hoffnung machen können? Die Tatsache, dass es keine Bücher über Misserfolg auf dem Markt gibt, lässt daher nur einen logischen Schluss zu: Es gibt nur erfolgreiche Menschen, denn es gibt ja auch nur Erfolgsbücher.

„Bullshit!" würde der Amerikaner sagen. Und auch ich behaupte, dass alle erfolgreichen Menschen, ganz besonders aber Männer und Frauen, die im Management tätig sind und in ihrem Leben wirklich etwas bewegt haben, große Misserfolge überwinden mussten. Viele der so genannten „Shining Stars" standen

wahrscheinlich schon mindestens einmal vor der Überlegung aufzugeben – ihren Job und sich selbst. Weil im Moment keine Lösung in Sicht war.
Auch ich befand mich schon einmal in der Situation, genauer gesagt in einer Kurve, in der ich mit meinem Porsche Vollgas geben wollte, weil ich keinen Ausweg mehr sah. Ich hatte ein Haute-Couture-Unternehmen gegründet und dieses, aus welchen Gründen auch immer, in den Sand gesetzt. Der Banker, bei dem ich meine Kredite laufen hatte, wollte mich deshalb verklagen. Er drohte, mir vorsätzlichen Betrug nachzuweisen und mich ins Gefängnis zu bringen. Und genau in dieser Situation griff mich auch noch mein bester Freund und Partner an. Ich konnte sein Verhalten bis zu einem gewissen Grad ja verstehen, aber es war einfach alles ein bisschen zu viel für mich. Mein bester Freund, für den ich in seiner schwersten Stunde sehr wohl da gewesen war, machte mir die ärgsten Vorwürfe und suchte nach einem Weg, sein Geld von mir zu bekommen. Ich musste auch von seiner Seite mit gerichtlichen Schritten rechnen. Zu all dem belastete es mich natürlich, dass einer meiner wirklichen Freunde durch mich Geld verloren hatte. Ein verdammt ungutes Gefühl, und ein unglaublicher Druck, der in diesem Moment auf mir lastete. Ich hatte wirklich jede Freude und Lust am Leben verloren. Hätte ich in diesem Auto nur etwas mehr Gas gegeben, wäre alles vorüber gewesen. Aber irgendwie hatte ich doch noch nicht ganz den Glauben an mich verloren. Auch wenn ich in diesem Moment der Einzige war, denn selbst für meine Eltern war ich der totale Versager, und sie hatten diesmal wirklich keine Lust mehr, mich weiterhin zu unterstützen.
Nach der Kurve, die ich schließlich doch im Überlebens-Tempo passiert hatte, überlegte ich, mir den besten Anwalt zu nehmen, zu kämpfen und wieder von vorne zu beginnen. Natürlich wollte ich damals allen beweisen, dass ich im Recht war, ich wollte unter allen Umständen meine Reputation wiederherstellen. Rückblickend betrachtet war es eine dumme Image-Aktion. Ich hatte alles verloren, damals gerade auch meinen Erbteil. Alles, was mir geblieben war, war der Mut, weiterzukämpfen, aus meinem Misserfolg zu lernen und es mir, zu diesem Zeitpunkt aber vor allem allen anderen, zu beweisen.

Gott sei Dank habe ich mich damals nicht aufgegeben, sonst hätte ich meinen zweiten großen Crash gar nicht erleben dürfen. Ein noch viel größerer Misserfolg, bei dem ich dennoch nicht einmal einen Augenblick eine ähnliche Überlegung, nämlich mir das Leben zu nehmen, anstellte. Ich wusste nun ja schon, was es bedeutete, ganz unten zu sein. So schlimm war es gar nicht, und ich war auch verhältnismäßig rasch wieder nach oben gekommen. Diesmal hielt sich mein Selbstmitleid und die damit verbundene Zeitvergeudung daher sehr in Grenzen und ich konzentrierte mich rasch auf mein Come-back. Ich nahm mir jedoch vor, alle bisher gemachten Fehler nicht noch einmal zu begehen. Denn, wie heißt es so schön? Aus Schaden wird man klug. Na ja, zumindest klüger, denn aus allen Fehlern lernt man leider, vielleicht aber auch zum Glück, nicht gleich beim ersten Mal.
Einen „Fehler" habe ich jedenfalls bis heute nicht abgelegt: Ich sage stets offen und unverblümt, was ich denke – und ich mache mir damit Feinde. Doch genau dieses Recht bedeutet wahren Reichtum für mich. Nur weil ich von niemandem abhängig bin, kann ich jedem meine persönliche Meinung sagen. Ein wunderbares Gefühl! Sie wissen, wovon ich spreche, nicht wahr? Reich ist für mich nicht der mit dem meisten Geld, sondern der, der absolut frei ist und keine Angst zu haben braucht – vor nichts und niemandem. Das ist in meinen Augen die einzig wahre Basis für beruflichen Erfolg und privates Glück!
Ich glaube sagen zu dürfen, dass mein bisheriges Leben diesseits und jenseits des Atlantiks sehr aufregend, interessant und reich an Erfahrung war. Im Laufe meiner internationalen Karriere, die sich nicht nur auf einen, sondern gleich mehrere Berufe erstreckte, lernte ich viele interessante Menschen kennen, denen ich als Berater – mein Hauptberuf – zur Seite stand. Dennoch empfand ich unter all meinen Tätigkeiten meine eigene Unternehmer-Laufbahn am interessantesten. Natürlich waren meine persönlichen Misserfolge teilweise sehr schmerzhaft, aber dafür auch besonders lehrreich.
Als ich zum ersten Mal intensiv über meine Erfolge und Misserfolge nachdachte, wurde mir bewusst, dass ich ohne meine großen Niederlagen heute erfolgsmäßig nicht da stünde, wo ich tatsächlich stehe. Also fasste ich den Entschluss, es laut hinauszu-

schreien, oder, noch viel besser, ein Buch darüber zu schreiben. Als Aufforderung an alle, sich Misserfolge einzugestehen, sich ihrer nicht zu schämen, sie richtig zu verarbeiten, aus ihnen zu lernen und schließlich stolz auf diese neue Erfahrung zu sein. Denn was wäre Erfolg ohne Misserfolg? Frustrierend langweilig, wie tägliches Schönwetter oder jeden Tag Champagner und Kaviar schon zum Frühstück. Ein Genuss, der bald keiner mehr ist, den man gar nicht mehr schätzt, weil die Abwechslung und die Möglichkeit des Vergleiches fehlt! Ähnlich dem Unterschied zwischen geerbtem und selbst geschaffenem Vermögen. Wenn Sie nach einer Krise, die Sie bravourös gemeistert haben, aus dem Vollen schöpfen können, werden Sie mit Recht stolz darauf sein. Das Gefühl, es geschafft zu haben, allen Widerständen zum Trotz, ist einfach großartig. Eine wunderbare Selbstbestätigung, die nach dem Tod eines reichen Verwandten, der Ihnen sein Vermögen hinterlassen hat, sicher nicht aufkommt. Nur wer also die wahren Tiefen des Misserfolges kennt, kann auch die berauschenden Höhen des Erfolges wirklich genießen.

## ERFAHRUNG IST DIE SUMME ALLER MISSERFOLGE

Nun aber zu einem der bereits vorher erwähnten Gründe, wieso ich dieses Buch geschrieben habe. In den vergangenen 25 Jahren habe ich die unterschiedlichsten Management-Tools entwickelt, die ich Teilnehmern in diversen Seminaren zu vermitteln versuchte. Dabei gehörte es fast zur Tagesordnung, dass man mich um schriftliche Unterlagen bat. Ich verteilte aber keine, weil ich mein doch recht brisantes Wissen nicht so einfach auf den Markt werfen wollte. Es sollte eben nicht für jedermann zugänglich sein. Schließlich habe ich mich aber doch überreden lassen, mein Management-Know-how in diesem Buch niederzuschreiben. Sollten Sie kein Manager sein und mit dem entsprechenden Fachwissen nichts am Hut haben, werden Sie sich nun die berechtigte Frage stellen: Was fange ich mit diesem Buch denn eigentlich an?

Sehen Sie es einfach so: Jedes profunde Management-Know-how basiert auf den einfachsten Grundregeln des menschlichen Lebens. Sind Sie ein Meister oder eine Meisterin Ihres Privatlebens, sind Sie auch fürs Management geeignet. Aber auch als Privatperson wird Ihnen dieses Buch äußerst nützlich sein. Denn sobald Sie die Fallen auf Ihrem abenteuerlichen Weg zum uneingeschränkten Erfolg kennen, werden Sie ihnen ausweichen und sich schmerzhafte eigene Erfahrungen ersparen. Kennen Sie das Computerspiel Tomb Raider? Wenn ja, dann wissen Sie, dass es Ihnen erst nach einiger Zeit, nach einigen Probespielen sozusagen, gelungen ist, schnell und erfolgreich ans Ziel zu gelangen. Warum? Weil Sie erst die wesentlichen Hindernisse und Fallen kennen lernen mussten, um sie problemlos zu umgehen. Und genauso verhält es sich mit Ihrem „Karriereweg", im beruflichen wie im privaten Bereich.
Ich wage nämlich zu behaupten, dass sich viele Elemente des Privatlebens nicht wesentlich von jenen des Berufslebens unterscheiden. Diskussionen, Auseinandersetzungen, Machtkämpfe, Lügen und Intrigen gehören zu den meisten privaten wie auch beruflichen Partnerschaften. Genauso wie zeitweilige Ergänzung, Toleranz, Harmonie und Übereinstimmung. Egal, auf welchen Bereich Sie sich also konzentrieren wollen, dieses Buch wird Ihnen in jedem Fall weiterhelfen.
Eines meiner ganz besonderen Anliegen gilt allen jungen Eltern. Wenn es Ihnen gelingt, Ihre Kinder nach dem Motto dieses Buches zu erziehen, haben Sie damit das absolut Wertvollste erreicht, denn Sie haben Ihren kleinen Lieblingen die Basis für ein angstfreies Leben geschaffen. Kein Druck mehr, kein Drohen mit dem schwarzen Mann, von nun an werden Sie Ihren Kindern spielerisch beibringen, dass sie ruhig Fehler machen dürfen, denn es gibt überhaupt keinen Grund, sich für Fehler zu schämen oder diese zu verstecken. Mit dieser angstfreien Ausgangsbasis kann Ihr Kind nur erfolgreich werden.
Vergessen Sie aber bitte eines nicht: Weisen Sie Ihre Kinder darauf hin, dass der Großteil unserer Gesellschaft weiterhin versuchen wird, schon die jünsten Erdenbürger zu terrorisieren, sie mit Aussagen wie etwa „Pfui, das tut man nicht!" oder „Welche Schande, wie schlecht du bist!" unter Druck zu setzen.

Haben Sie aber schon Ihren Kleinsten beigebracht, dass sie keine Angst vor Misserfolgen haben müssen, wird der Gesellschafts-Terror an ihnen abprallen. Denn ganz ehrlich, warum versuchen angeblich „wichtige“ Personen oder Vorgesetzte von ihnen abhängige Menschen zu unterdrücken und klein zu machen? Doch nur aus einem einzigen Grund: Sie möchten selbst, meist aufgrund ihrer bescheidenen Erscheinung, größer wirken. Ein kleines Licht leuchtet in einem dunklen Zimmer nämlich auffälliger als in einem taghellen Raum. Also löschen die Pseudo-Größen alle strahlenden Lichter rund um sich, damit ihre kleine Kerze möglichst hell erscheint, während wahre Persönlichkeiten gerne noch stärkere Lichter um sich haben.
Und noch etwas dürfen Sie keinesfalls übersehen: Machen Sie Ihren Kindern möglichst bald klar, dass Sie ihnen gewisse Erfahrungen nicht abnehmen können. Eine besonders wichtige Tatsache – denn **Erfahrung ist die Summe aller Misserfolge.** Wenn ich an meine Schulzeit zurückdenke, kann ich nur hoffen, dass es Lehrer, wie ich einige hatte, heute nicht mehr gibt. Ich kann mich noch gut erinnern, wie mein Lateinprofessor nach jeder Schularbeit die Namen aller Schüler mit Nicht genügend laut aufrief. Natürlich war ich immer dabei. Und jedes Mal fragte mich der Herr Professor: „Ich weiß gar nicht, warum du immer noch hier bist?“ Anlässlich meiner Wiederholungsprüfung am Ende der dritten Klasse Gymnasium machte ich dem Pädagogen dann ein Angebot, das er schließlich nicht ablehnte: „Wenn ich diese Prüfung und die vierte Klasse bei Ihnen bestehe, verlasse ich die Schule und wechsle auf die Fremdenverkehrsakademie in Kleßheim.“ Dort hatte ich dann auch endlich nicht mehr das verhasste Latein.
Sollten Ihnen Ihre Kinder ähnliche Schulerfahrungen erzählen – ich wünsche mir wirklich, dass solche Geschichten Schnee von gestern sind –, würden Sie nicht nur Ihrem, sondern auf lange Sicht sogar vielen Kindern helfen, wenn Sie dem entsprechenden Lehrer dieses Buch empfehlen.
Doch zurück zu den Parallelen im Privat- und Berufsleben. Ein gutes Beispiel dafür, dass sich die heutigen Mechanismen beruflicher und zwischenmenschlicher Verhältnisse oft nicht mehr stark voneinander unterscheiden, sind die erfolgreichen Unter-

nehmen der Net-Kids, die sich schon lange nicht mehr an die herkömmlichen Management-Schablonen halten. Sie führen ihre Firmen nämlich intuitiv und organisieren ihre Unternehmen fast wie ihr Privatleben.
Und obwohl ich aufgrund meines Jahrganges lange nicht mehr zur Net-Kid-Generation zähle, mache ich es genauso. Seit gut zehn Jahren gehe ich nicht mehr regelmäßig in ein herkömmliches Büro, seit fünf Jahren besitze ich gar kein Büro mehr. Ich verfüge nicht einmal über ein firmeneigenes Briefpapier. Und meine Visitenkarten habe ich auch schon vor Jahren weggeworfen – mit dem Ergebnis, dass die wenigen Adressen und Telefonnummern, die ich heute austausche, weitaus wertvoller sind als der ehemalige Kontaktüberschuss auf geduldigem Papier. Das übertriebene Ausgeben und Entgegennehmen von Visitenkarten ist ein unnützes japanisches Spiel, bei dem man später oft nichts mehr mit dem jeweiligen Namen anfangen kann, geschweige denn mit der Person, die ihn trägt.
Wozu so viel Aufwand, der gar nicht nötig ist, Sie aber viel Geld kostet? Machen Sie es doch wie ich! Denn ich kann mir nicht vorstellen, dass Ihnen ein Leben wie meines nicht auch gefallen würde. Schon vor 25 Jahren wusste ich, dass ich eines Tages zwei Domizile haben würde – eines in Palm Beach und eines an der Côte d'Azur. Palm Beach hieß nämlich meine damalige Lieblings-Diskothek in Cannes, wo ich schon als junger Maler meine, wenn seinerzeit auch bescheidenen Zelte aufgeschlagen hatte. Und heute lebe ich tatsächlich auf diesen beiden, für mich schönsten Plätzen der Welt und koordiniere meine Management-Tätigkeiten bestens mit meinen privaten Aktivitäten und Freuden. Das heißt, selbst wenn ich arbeite, sitze ich auf einer meiner Terrassen mit Meeresblick, genieße die angenehmen Temperaturen und habe jederzeit die Möglichkeit, mich in den Wellen des Mittelmeeres oder des Atlantischen Ozeans abzukühlen. Ist das nicht wunderbar? Wer wünscht sich nicht ein Berufsleben mit Urlaubsambiente und -flair und der Aussicht auf Erfolg? Natürlich habe ich das auch nicht von heute auf morgen erreicht, dafür waren schon ein paar große Misserfolge nötig, die mir die Augen geöffnet und gezeigt haben, wie es richtig geht.
Also, wie gesagt, auch ich musste erst umdenken lernen. Früher

war ich doch tatsächlich der Meinung, dass man Büros in den wichtigsten Städten der Welt einfach haben musste. Und ich hatte sie – in St. Gallen, Zürich, München, Düsseldorf, New York, Los Angeles und Palm Beach. Die Niederlassung in Moskau ersparte mir mein damaliger beruflicher Absturz, oder besser gesagt mein zweiter großer Misserfolg. Von da an hatte ich nur mehr ein Büro in Palm Beach, doch selbst auf dieses eine konnte ich bald verzichten. Wieso war ich eigentlich nicht schon viel früher darauf gekommen, dass ich mit Statussymbolen nur meine Zeit, Energie und mein Geld vergeudete? Diese Image-Werbung war ein teures Vergnügen und ich hätte damit wahrscheinlich besser eine gezielte PR-Kampagne finanziert. Als ich dann endlich begriffen hatte, worauf es ankam, und begann, mich nur noch auf das Wesentliche zu konzentrieren, war der Erfolg nicht mehr aufzuhalten.

Doch wie gesagt, gut Ding will Weile haben. Denn vorerst waren viele Jahre der Misserfolge und des ständigen Lernens ins Land gezogen – ich glaubte fast schon, dass sich daran nichts mehr ändern würde. Ich war auch der Meinung, dass meine Eltern schon alle Hoffnung aufgegeben hatten. Aber ich bereue dennoch keinen einzigen Tag. Und um ganz ehrlich zu sein, seit ich die Geschichte von Richard Branson kenne, weiß ich erst, dass ich noch gar nicht genügend Misserfolge erlebt habe. Irgendwie geht es mir wie ihm. Das Neue reizt mich nach wie vor. Natürlich lauern im Neuen Gefahren und weitere Misserfolge. Aber dies bedeutet doch nur, dass ich weitere Erfahrungen sammeln kann. Meine Sucht nach Erfahrung erinnert mich oft an die Worte meiner Eltern, wenn ich ihnen nach einem großen Misserfolg wieder einmal im Brustton der Überzeugung mitteilte: „Da habe ich aber viel gelernt.“ Mit zunehmendem Alter und wachsendem Unverständnis stellten sie mir dann nämlich verzweifelt die Frage: „Wann hast du denn endlich ausgelernt?“ Ich konnte ihnen damals aber nicht sagen, was ich mir dachte. Ich war ja nicht verzweifelt wie sie, ich kannte mich ja und hatte, wenn auch als Einziger, das volle Vertrauen in mich. Und damals wie heute sage ich meinen Eltern und allen, die es hören wollen: „Solange es für mich noch etwas Neues zu lernen gibt, solange bin ich auch bereit dazu.“ Und das bedeutet nun einmal auf der ersten Stufe,

Misserfolge zu akzeptieren. Sollte ich einmal wirklich anders denken und nicht mehr bereit sein, Neues in Angriff zu nehmen und Misserfolge zu genießen, wird es Zeit, dass ich mich zur Ruhe setze. Wenn Menschen heute mein Wissen und meine Erfahrung bewundern, vergessen sie schlicht und einfach, wie ich zu diesem Wissen gekommen bin. Mein Wissen ist nicht mehr als die unendliche Ansammlung von Misserfolgen, die ich jedoch zum größten Teil positiv verarbeitet habe.
Womit wir ein wenig vom Thema abgekommen sind, nämlich warum dieses Buch auch für Sie als Privatperson interessant ist. Wenn Sie ehrlich bereit sind, sich das hier angebotene Knowhow anzueignen, um es konsequent zu leben, wird es Ihr Privatleben genauso maßgeblich beeinflussen wie Ihren beruflichen Erfolgsweg. Sollten Sie aber auf noch keine richtigen Misserfolge zurückblicken können, beeilen Sie sich, unternehmen Sie möglichst viel, damit Sie endlich die nötigen Erfahrungen sammeln. Eines kann ich Ihnen nämlich nicht ersparen: Ihre Erfahrungen selbst zu machen – denn **Erfahrung ist die Summe aller Misserfolge!**
Und wie jedes große Gebäude wird auch Erfolg nur auf dem richtigen Fundament Bestand haben. Das Fundament bildet die Erfahrung. Man kann sie teilweise erlernen, doch besser ist es, sie persönlich zu machen. Dann kann ich auch zu Ihnen sagen: **„Welcome to the club, the club of successful people!"**
Zu Beginn meines Buches wollte ich möglichst viele erfolgreiche Menschen mit großen Misserfolgen interviewen. Doch schon bei meinen ersten Versuchen stellte ich fest, dass kaum jemand bereit war, offen darüber zu sprechen. Erst nach mehreren Anläufen und mit besonders geschickten, diplomatischen Fragen gelang es mir dann, den einen oder anderen zum Reden zu bringen.
Aufgrund dieser Erfahrung entschloss ich mich, einen Großteil der Erfolgs- und Misserfolgserlebnisse ausgewählter Persönlichkeiten aus deren Biographien zu zitieren oder zu interpretieren.

**Ich habe ab heute keine Angst mehr vor Misserfolgen. Denn sie sind eigentlich eine große Chance!**

## WARUM SIE DIESES ERFOLGSBUCH LESEN SOLLTEN

Mit diesem Buch möchte ich Ihnen vermitteln, dass Misserfolge nichts Negatives sind, dass Sie sich davor nicht zu fürchten und sich dafür auch nicht zu genieren brauchen, dass Sie sich im Gegenteil darüber freuen sollten, weil jeder Misserfolg eine weitere Stufe auf Ihrer Erfolgsleiter bedeutet. Ich möchte Sie davon überzeugen, dass Erfahrung die Summe aller Misserfolge ist. Wie ich aus dem Umgang mit meinen Kunden weiß, stoße ich mit meiner These oft auf Skepsis, Misstrauen oder sogar völlige Ablehnung. Manchmal lasse ich sie daher sogar absichtlich Fehler machen, damit sie mit ihren ganz persönlichen Erfahrungen aus ihren eigenen Misserfolgen profitieren.

Nützen Sie also möglichst viele meiner Erfahrungen für Ihren Erfolg, haben Sie aber keine Angst vor eigenen Experimenten und damit verbundenen Misserfolgen, um selbst den Weg zum Erfolg zu erlernen. Wichtig dabei ist: Machen Sie lieber einen Fehler zu viel als einen zu wenig, aber vermeiden Sie, denselben Fehler öfter als zweimal zu begehen. Denn dies deutet auf Unfähigkeit oder Unwillen hin. Bei Unfähigkeit kann Ihnen geholfen werden, gegen Unwillen ist leider noch kein Kraut gewachsen. Denn Sie wissen ja, wer nicht will, dem kann auch nicht geholfen werden. Das prägnanteste Beispiel dafür sind Alkohol- oder Drogenabhängige: Eine Therapie hat nur dann Aussicht auf Erfolg, wenn sich der Betroffene selbst dafür entscheidet, wenn er sich aus eigenem, freien Willen einer Behandlung unterzieht. Tut er es einem anderen zuliebe, um für einige Zeit in Ruhe gelassen zu werden, bleiben alle Heilversuche ganz bestimmt erfolglos.

Daher empfehle ich schon jetzt allen Unwilligen – obwohl Sie meiner Meinung nach nicht dazu zählen, wenn Sie bis jetzt durchgehalten haben –, mein Buch besser sofort wegzulegen und ihre Zeit anderen Dingen zu widmen, die sie wirklich wollen. Absolut Unwillige würden es nämlich selbst mit Hilfe aller hier angebotenen Ratschläge nicht schaffen, auf Dauer Erfolg zu haben. Denn Erfolg muss man lieben und wollen.

Übrigens, es gibt keine Regeln dafür, wie Sie dieses Buch lesen sollten – durchgehend von Anfang bis Ende, in einzelnen Kapiteln oder zwischen diesen hin- und herspringend –, denn wie der Erfolg an sich ist auch dieses Buch wie ein Puzzle. Es zählt einzig und allein, dass Sie jedes Kapitel verstehen und versuchen, das Beste für sich selbst herauszuholen. Vergeuden Sie Ihre Zeit und Energie nicht damit, Abschnitte, die Ihnen im Moment unverständlich oder unwahrscheinlich vorkommen, zu begreifen, konzentrieren Sie sich auf das Ihnen logisch Erscheinende und setzen Sie es in die Praxis Ihres Lebens um.

**Während Sie dieses Buch lesen, sollten Sie versuchen, das Gelesene auch zu erleben und mit Ihren persönlichen Erfahrungen in Verbindung zu bringen. Auf diese Weise werden Sie den neuen Erfolgsweg für Ihr zukünftiges Leben bestimmen.**

## ANALYSE IHRER MISSERFOLGE

Jetzt aber zu Ihnen, den Lernwilligen und somit Erfolgreichen. Bevor Sie nun dieses Erfolgsbuch weiterlesen, machen Sie es sich so bequem wie möglich, setzen Sie sich auf Ihren Lieblingsplatz und entspannen Sie sich. Atmen Sie einmal so richtig durch, bevor Sie Ihre Gedanken sammeln. Denn jetzt kommt eine Aufgabe auf Sie zu, die nicht ganz einfach ist. Versuchen Sie, Ihre bisher größten Niederlagen Revue passieren zu lassen. In Ruhe und ohne schlechte Gefühle, ganz wertfrei. Also gut, Sie erinnern sich da an einiges. Dann nehmen Sie doch bitte ein Blatt Papier und einen Stift zur Hand und notieren Sie alle Fehler und Misserfolge, die Ihnen bis jetzt eingefallen sind. Lassen Sie sich ruhig Zeit, lesen Sie Ihre Notizen ein zweites oder drittes Mal, vielleicht kommen Ihnen noch weitere Misserfolge Ihres Lebens in den Sinn. Sobald Sie der Meinung sind, nichts Wichtiges vergessen zu haben, ordnen Sie Ihren Niederlagen, egal ob beruflich oder privat, Prioritäten zu. Benennen Sie jene Fehler mit den größten Auswirkungen mit A – Sie werden feststellen, dass es in Ihrem Leben davon nur wenige, dafür aber mit recht negativen Folgen und Konsequenzen gab. B ordnen Sie den eher belanglo-

sen, aber schon öfter aufgetretenen Fehlern zu, und C nehmen Sie für jene Fehler, die sich oft wiederholten und kaum irgendwelche Auswirkungen zeigten. (Mehr über die A-B-C-Analyse von Fehlern erfahren Sie in Kapitel 7.)
Sobald Sie sich alle A-Fehler ins Gedächtnis gerufen und notiert haben, sollten Sie ehrlich überrascht sein. Es sollte Ihnen genauso ergehen wie mir. **WOW!** Wirklich unglaublich, das ist ja eine beachtliche Liste an Misserfolgen. Da sitze ich jetzt ganz entspannt und zähle die Niederlagen meines bisherigen Lebens. Aber eigentlich toll, was ich schon alles erleben und überleben durfte.
Und was haben Sie daraus gelernt? Hat sich Ihr Leben aufgrund Ihrer Misserfolge verändert? Sind Ihre Tiefs mit den Jahren weniger oder mehr geworden? Haben Sie deswegen Ihr Verhalten in irgendeiner Weise geändert? Oder gehören Sie zu jenen Menschen, die sich darüber bisher noch nie den Kopf zerbrochen haben? Dann haben Sie auch noch nie die große Chance genützt, Misserfolge in Erfolge umzukehren.
Nun aber zu allen Benachteiligten, deren Auflistung sehr kurz ausgefallen ist. Dafür kann es nur zwei Gründe geben:
Erstens: Sie waren nicht ehrlich zu sich selbst und gestehen sich nicht alle Misserfolge ein, das heißt, Sie belügen sich noch immer selbst. Doch vor wem haben Sie Angst, sich zu blamieren? Sie sind doch jetzt ganz allein, niemand sieht Ihnen über die Schulter. Also genieren Sie sich nicht, fangen Sie noch einmal von vorne an und schreiben Sie alle Misserfolge ehrlich auf.
Zweitens: Sie hatten tatsächlich erst sehr wenige Misserfolge, Sie müssen also noch ein paar in die Welt setzen, um auf Dauer erfolgreich zu sein. Denn, wie wir mittlerweile alle wissen, **Erfahrung ist die Summe aller Misserfolge!**

**Erkennen Sie Ihre Misserfolge und ordnen Sie diese nach der A-B-C-Analyse.**

## MISSERFOLG – DAS ERFOLGSGEHEIMNIS NUMMER EINS

Eigentlich müssten Sie sich jetzt fragen, was diese Überschrift soll. Misserfolg ist doch genau das Gegenteil von Erfolg, wie kann also etwas Negatives dazu beitragen, letztendlich etwas besonders Positives zu bewirken? Vielleicht sagen Sie jetzt auch, dass Sie doch schon genügend Misserfolge überstanden haben, aber vom großen Erfolg ist weit und breit keine Spur! Könnte es sein, dass Sie sich bisher noch gar nicht mit Ihren Misserfolgen beschäftigt haben, sondern nur damit, sie zu vertuschen, zu verheimlichen, zu verstecken? Das heißt, anstatt Ihre Kraft darauf zu verwenden, Ihre Misserfolge positiv zu verwerten, haben Sie all Ihre Energie und Zeit verbraucht, um sie zu kaschieren oder geheim zu halten.

Wenn Misserfolge über Jahre oder womöglich Jahrzehnte vertuscht und mitgeschleppt werden, erfordert dies enorme Kraftanstrengung, und die Angst, vielleicht doch entdeckt zu werden, ist extrem belastend. Um wie viel einfacher wäre es doch gewesen, zu Ihren Fehlern zu stehen. So what? „Machen Sie denn keine Fehler?“, könnten Sie Ihre Kritiker fragen. Ich schon! Ich finde solche Situationen sogar erfrischend. Manchmal jedenfalls!

Ich erinnere mich in diesem Zusammenhang an einen großen Vortrag zum Thema „Die Entwicklung der Musicals und deren Zukunft“, veranstaltet von der Thomas-Morus-Akademie in Stuttgart. Fünf Jahre davor hatte ich einen Vortrag über die damals noch relativ unbekannten und stark belächelten Erlebniswelten gehalten. Als ich nun ans Rednerpult trat, forderte mich der Veranstalter auf Veranlassung eines Symposiumsteilnehmers auf, über das Projekt Semiramis in der Türkei zu berichten, das sich ja wohl als Flop herausstellte. Da stand ich also, vorbereitet für meinen neuen Vortrag und überlegte nicht lange. Natürlich hätte ich eine gute Ausrede gehabt, denn mein Kunde hatte mich bezüglich der Finanzierung hinters Licht geführt, und der Überfall von Saddam Hussein auf Kuwait zu diesem Zeitpunkt war für das Projekt auch nicht gerade förderlich gewesen. Ich hätte gekonnt aufzeigen können, dass der Fehler nicht bei mir lag. Aber das wollte ich gar nicht tun. Ich machte es kurz und schmerzlos. Ich

sagte einfach: „Ja, ich habe einen Fehler gemacht und das Projekt ist gefloppt – so what! Machen Sie keine Fehler? Ich eben schon! Kann ich nun mit meinem Vortrag beginnen?" Natürlich konnte ich beginnen und es wurde ein sagenhafter Vortrag, denn ich fühlte mich wohl. Ich musste nichts verstecken, brauchte vor keinen unangenehmen Fragen Angst zu haben, und ich durfte mich auch irren, denn ich hatte ja schon vorweg zugegeben, dass ich Fehler mache. Ein tolles Gefühl. Seit diesem Vortrag wünschte ich mir eigentlich jedes Mal einen derartigen Beginn, denn – glauben Sie es oder nicht – ich liebe immer noch jeden meiner Vorträge, gebe mein ganzes Herz und bin jedes Mal aufgeregt. Aber nicht, weil ich Angst habe, sondern weil ich mit so viel Enthusiasmus und Freude an die Sache gehe. Ich möchte einfach, dass meine Zuhörer meine Message nicht nur hören und verstehen, sondern sie auch fühlen.
Können Sie mir erklären, warum Misserfolg eigentlich immer etwas Negatives bedeutet? Sie meinen, weil es in unserer Gesellschaft eine Schande ist, wenn etwas danebengeht und man dann als Versager dasteht? Weil man uns schon in frühester Kindheit eintrichtert, dass Misserfolg etwas Schlechtes ist? Dabei müsste gerade jede Mutter wissen, dass man besonders aus Fehlern viel Wichtiges und Bedeutendes fürs weitere Leben lernt. Denken Sie doch nur an die heiße Herdplatte, an der sich jedes Kind einmal die Finger verbrennt, obwohl die Mutter es davor gewarnt hat. Doch das kluge Kind lernt aus seinem Fehler und wird sich kein zweites Mal mehr verletzen.
Daher lautet eine der Erfolgsregeln: Lehnen Sie die Strafmechanismen der Gesellschaft ab, die Ihnen einzureden versucht, dass Fehler etwas Negatives sind. Stellen Sie doch einfach die naive Frage: Warum denn? Versuchen Sie erst gar nicht, Ihre Fehler zu verstecken, haben Sie keine Angst vor dem Image des Verlierers, denn schon in der Bibel heißt es: „Die Letzten werden die Ersten sein." Oder anders ausgedrückt: Die Verlierer und Misserfolgsprofis sind auf Dauer die Starken und werden dank ihres Knowhows zu den wahren Siegern avancieren.
Übrigens, können Sie sich noch an die Oberstreber in Ihrer Schule erinnern? Diese Musterschüler und damaligen Sieger. Aber sind sie das auch im richtigen Leben geworden? Manchmal

schon, aber meistens sind im Leben gerade die erfolgreich, denen die Lehrer und oft auch die eigenen Eltern kaum etwas zugetraut hatten. Das nennt man dann Pädagogik. Selbst Manager und Unternehmer, die aus einfachen Verhältnissen kommen – also vom Start weg nicht in der Poleposition lagen –, laufen am Ziel viel öfter als Sieger ein als verwöhnte Unternehmerskinder, die aufgrund ihrer Familie, der Ausbildung und ihres Auffangnetzes viel bessere Ausgangsbedingungen hatten. Ihnen fehlt eben die Erfahrung des Lebens. Ich möchte mich an dieser Stelle aber sofort bei allen erfolgreichen Unternehmerskindern und Sonntagskindern entschuldigen, die ich jetzt über einen Kamm schere. Tröstet es Sie, wenn ich Ihnen sage, dass ich aus einer alten Unternehmerfamilie komme und mich dennoch nicht als Verlierer sehe? Schon mein Großvater verlor im Zuge seiner Scheidung ein riesiges Vermögen, das er wieder neu aufbaute. Meine Mutter wurde dann mit einem lächerlichen Mindesterbteil abgefunden und mein Vater kam gar nie in den Genuss des väterlichen Vermögens, denn dies hatte die Mutter bereits verlebt. Dennoch bauten sich meine Eltern von null weg ein solides, kleines Unternehmen auf und sorgten für eine gute Ausbildung ihrer Kinder. Ich hätte in das Unternehmen meines Vaters einsteigen können, aber das wollte ich nicht, denn es entsprach absolut nicht meinen Zielvorstellungen. Heute betrachte ich diese Entwicklung als mein größtes Glück, denn auf meinem Weg durfte und musste ich für meinen Erfolg kämpfen, und das ist wunderschön.

Eine weitere Erfolgsregel lautet: Wer viel bewegt, wird viele Fehler machen. Logisch! Warum werden aber nur die Aktiven bestraft, die vielleicht Fehler machen, und nicht die Passiven, die überhaupt nichts tun? Der weitaus größere Fehler vieler Manager liegt darin, dass sie aus blanker Angst, etwas falsch zu machen, lieber gar nichts verändern oder bewegen. Daran gehen mitunter ganze Unternehmen zugrunde, es sind sogar schon Weltreiche untergegangen, weil Kaiser, Könige oder Feldherren nicht den Mut hatten, etwas zu unternehmen – aus Angst vor möglichen Fehlentscheidungen.

Gehören Sie zu den Unternehmungslustigen, die sich auf Risiken und kleinere oder auch größere Wagnisse recht gerne einlassen?

Oder sind Sie eher der träge Typ, der am liebsten alles beim Alten lässt? Wenn Sie zu den Forschen und Wagemutigen gehören, werden Sie mir bestätigen, dass kleine Fehler, Schnitzer oder womöglich schon absehbare Irrtümer manchmal sogar Spaß machen. Also trauen Sie sich ruhig! Nehmen Sie Ihr Leben wieder in die Hand und bestimmen Sie selbst darüber. Finden Sie etwas, das Sie begeistert, und machen Sie sich auf den Weg, dieses Wunschziel zu erreichen. Steigen Sie ein in den Erfolgszug, springen Sie auf, Sie werden es nicht bereuen – und auch nicht Ihre Fehler, die Ihnen unterwegs passieren.
Ach so, Ihnen mangelt es sowieso nicht an Fehlern. Das gefällt mir, denn ich schätze Menschen, die Fehler machen – vorausgesetzt, sie handeln nicht aus Dummheit und sie schaden damit nicht anderen. Sie beweisen nämlich eines: Sie sind aktiv, sie bewegen etwas, sie verändern Dinge – die wichtigste Grundvoraussetzung, um in der heutigen Zeit mit ihren ständigen und immer schneller werdenden Veränderungen Erfolg zu haben. Solange ich ausgetretene Pfade begehe und nichts Neues, Innovatives wage, ist die Wahrscheinlichkeit, Fehler zu machen, verständlicherweise gering. Doch Neuerungen bedeuten Veränderungen, und bei Veränderungen ist mit Überraschungen zu rechnen. Und wer überrascht wird, kann sich natürlich auch falsch entscheiden.
In der heutigen Zeit, einer Welt des permanenten Wandels, werde ich mit der Philosophie: „Solange ich nichts anders mache, kann ich auch nichts falsch machen!" den allergrößten Fehler begehen. Als Manager bringe ich damit womöglich ein Unternehmen an den Rand des Abgrundes, als „Einer-von-vielen"-Mitarbeiter in einem Betrieb bin ich aufgrund meiner Starrheit am zukünftigen Arbeitsmarkt nicht mehr gefragt. Denn wer ist in Zukunft als Arbeitskraft interessant? Doch nur derjenige, der viel Erfahrung hat, und **Erfahrung ist nun einmal die Summe aller Misserfolge.**
Sollte Ihnen jemand, der sich bei Ihnen um einen Job bewirbt, versichern, er habe noch keinen Misserfolg gelandet, dann lügt er entweder oder er hat noch nichts bewegt – doch dann ist er in der heutigen Zeit bestimmt nicht der richtige Mitarbeiter für Sie.
Ich persönlich bin fest davon überzeugt, dass Misserfolg nur ein

Produkt ist, das in unserem Gehirn entsteht und eigentlich gar kein reales Fundament hat. Misserfolg steht für meine Annahme oder meinen Glauben, die Erwartungen meiner Umwelt – denn meine eigenen resultieren ja daraus – nicht ganz oder gar nicht erfüllt zu haben. Je stärker ich mir das einbilde oder daran glaube, desto größer wird der Misserfolg in meiner Einschätzung und desto stärker wirkt er sich dann auf mich, meine Gesundheit, meine Aktionen und meine weiteren Erfolge aus.

Sehen wir uns die Situation doch anhand eines konkreten Beispiels an. Warum investieren so viele vernünftige Kaufleute noch bis zur letzten Sekunde ihr Privatvermögen in eine dem Untergang geweihte Firma, wo sie doch als Geschäftsmänner erkennen müssten, dass das Unternehmen am Ende ist? Meistens tun sie es aus Angst vor der schlechten Nachrede. Da pfeif ich doch auf die schlechte Nachrede und lebe in aller Ruhe von meinen Reserven auf irgendeiner Karibik-Insel weiter, ehe ich auch noch mein letztes Geld opfere – und das nur aus Imagegründen.

Natürlich könnten Sie jetzt sagen, das ist eine unmoralische Einstellung. Dessen bin ich mir auch bewusst. Und wenn ich mir Richard Branson ansehe, muss ich zugeben, dass er wahrscheinlich eher sein letztes Hemd opfern würde als jemanden hängen zu lassen. Bei ihm weiß ich aber zumindest, dass er es nicht aus persönlichen Imagegründen, sondern nur dem Namen „Virgin" zuliebe täte. Wahrscheinlich aber auch aufgrund seiner persönlichen Einstellung. Nun, wie auch immer, ich ginge wahrscheinlich auf die Insel. Und was Sie in dieser Situation machen würden, müssen Sie selbst entscheiden.

Noch einmal, Misserfolg steht für nicht erfüllte Erwartungen – von Seiten der Ehefrau, der Kinder, der gesamten Familie, des Vorgesetzten. **Ich glaube, viele Menschen werden durch die Vorgaben ihrer Väter oder Mütter das erste Mal mit dem Problem des Misserfolges konfrontiert.** Die oft gehörte Aussage: „Ich gebe meinen Kindern das, was ich selbst nicht hatte", kann ich nämlich auch anders formulieren, und zwar: „Ich erwarte mir von meinen Kindern das, was ich selbst nicht erreicht habe." Was trifft nun eher zu? Ganz ehrlich, was geben Sie Ihren Kindern und was erwarten Sie von ihnen? Könnte es sein, dass ich Sie ertappt habe? Projizieren Sie Ihre einstigen Ziele jetzt auf

Ihre Kinder? Tun Sie es nicht, lassen Sie Ihrem Sohn oder Ihrer Tochter ihre eigenen Wünsche und Zielsetzungen und nehmen Sie sich Ihre bisher nicht realisierten Träume und Wunschziele noch einmal selbst vor. Denn Sie schaffen es!
An dieser Stelle möchte ich Ihnen die Jugendgeschichte von Richard Branson erzählen. Warum ich so viel über ihn schreibe, wissen Sie inzwischen. Ich finde ihn einfach toll und ich kenne keinen ähnlichen Menschen, der trotz jahrelangen Kampfes mit so viel Energie und Esprit aufzuwarten hat.
Die folgende Theorie beruht auf einer Annahme meinerseits. Ich glaube, dass Richard Bransons Leben – viele werden es als verrückt bezeichnen – nur deshalb so verlaufen ist, weil er in seiner Jugend ein einschneidendes Erlebnis hatte. Als er mit seinen Eltern Urlaub am Meer machte, sollte er schwimmen lernen. Doch trotz einer für damalige Verhältnisse hohen Geldprämie von zehn Pfund schaffte er es nicht. Auf dem Heimweg sah er seine letzte Chance in einem wilden Fluss. Er bat seine Familie, anzuhalten, um noch einen letzten Versuch wagen zu können. Todesmutig sprang er in die reißenden Fluten und siehe da, er begann zu schwimmen. In Panik sprang sein Vater hinterher, um dem Sohn beizustehen. Aber mit all seinem Mut und letzter Kraft hatte Richard Branson in der unmöglichsten Situation schwimmen gelernt. Dort, wo selbst ein erfahrener Schwimmer gezögert hätte. Plötzlich wollte er schwimmen lernen und musste es aus Zeitmangel so schnell wie möglich tun. Und außerdem konnte er seine zehn Pfund kassieren. Obwohl ich nicht glaube, dass das Geld ausschlaggebend war, oder vielleicht doch?
Das zweite einschneidende Erlebnis waren seine absolut unpädagogischen Lehrer, die ihm mit aller Härte die Grundregeln des Misserfolges beibrachten, eines aber letztendlich doch erkannten, nämlich dass er entweder als Versager im Gefängnis landen oder als Milliardär ein beschauliches Leben führen würde. Mit diesen Worten hatte ihn der Direktor von der Schule verabschiedet. Und damit indirekt zugegeben, dass Branson ein außergewöhnlicher Mensch war, den selbst die schlechteste pädagogische Sonderbehandlung nicht unterkriegen konnte. Branson gibt in seinem Buch allerdings zu, dass seine Schulerlebnisse sein Leben sehr wohl beeinflussten. Er konnte anfänglich über-

haupt keine Reden halten, und er liebt sie – glaube ich – auch heute noch nicht. Zu Statistiken, mathematischen Tabellen etc. hat er noch immer eine sehr gespaltene Einstellung. Er entscheidet intuitiv und ist wie ich der Meinung, dass Papier und Konzepte geduldig sind, aber nicht immer die Garantie für Erfolg darstellen. Doch eines hat er bestimmt nicht: Angst vor Misserfolgen, auch wenn sie noch so groß ausfallen und fast alles kosten könnten. Möglicherweise hat ihn seine Kindheit so geprägt.

Immer wenn ich von Richard Branson spreche, halte ich mich persönlich gerne ein wenig zurück. Ich weiß, dass meine Kindheit, aber auch meine „begnadeten" Pädagogen mein Leben und meine Einstellung maßgeblich beeinflussten. Damals wünschte ich mir manchmal, dass meine Eltern nicht so übergroße Erwartungen in mich setzten. Nur, wäre ich dann geworden, was ich heute bin?

In Menschen gesetzte Erwartungen erzeugen unheimlichen Druck. Wenn Casanova gewusst hätte, was die Nachwelt von ihm behauptet, hätte er mit keiner einzigen Frau schlafen können, weil er dem Druck nicht standgehalten hätte. Um handlungsfähig zu bleiben, heißt das oberste Prinzip daher: Befreien Sie sich von diesem Druck. Natürlich klingt das sehr einfach und ich muss zugeben, dass auch ich bis heute nicht ganz frei davon bin – von den Vorgaben meiner Eltern und dem Erfüllungsdrang. Doch niemand muss das Leben seiner Eltern erfüllen, sondern immer nur sein eigenes leben.

Wenn Sie jetzt noch einmal versuchen zu erklären, was Misserfolg für Sie bedeutet, werden Sie keine Definition finden – weil Misserfolg ein Gespinst unseres Gehirns ist. Viele Menschen haben schon vor dem bloßen Begriff Angst und wollen das Wort nicht einmal in den Mund nehmen. Alle sprechen nur von Erfolg. Erst wenn man lange genug nachfragt, stellt sich heraus, dass eigentlich jeder Mensch weitaus mehr Misserfolge im Leben zu verzeichnen hatte als Erfolge.

**Stehen Sie offen und ehrlich zu Ihren Misserfolgen!**

Kapitel 2

# WIE SIE MIT ANGST UMGEHEN

## DIE ANGST VOR MISSERFOLGEN

Ist Ihnen schon aufgefallen, dass kaum jemand über seine Misserfolge spricht? Nun, wahrscheinlich werden Sie es doch auch so machen wie alle anderen und Ihre Misserfolge eher verschweigen. **Warum?** Fragen Sie sich doch einmal ganz ehrlich – warum? Woran liegt das? Haben alle diese Menschen Angst? Und wie steht's mit Ihnen? Haben Sie Angst, Niederlagen zuzugeben? Oder haben Sie Ihre bisherigen Misserfolge vielleicht noch nicht positiv aufgearbeitet? Befürchten Sie eine Ächtung durch die Gesellschaft, die in Misserfolgen nur die negativen, nicht aber die positiven Seiten sieht? Vergessen Sie doch einmal diesen gesellschaftlichen Druck, der jeder Logik entbehrt. Angenommen, Misserfolge wären nicht mit dem „Verlierer-Image" gebrandmarkt, würden Sie sich dann auch noch schämen? Würden Sie dann immer noch so viel Aufwand betreiben, um Ihre Fehler und Misserfolge zu verheimlichen?
Sicher nicht! Also, was soll dieses dumme Versteckspiel? Es bringt doch rein gar nichts.
Die Erziehungsmethoden, uns Angst zu machen, scheinen zu wirken, da sich fast alle Menschen, die ich kenne, vor Misserfolgen fast panisch fürchten. Ein Terror übrigens, der uns schon von klein an anerzogen wird und beim schwarzen Mann oder Krampus beginnt. Einer der Fehler, auf die ich später noch genauer zu sprechen komme. Jedenfalls sollten wir kleinen Kindern raten, auf diesen Erwachsenen-Unsinn nicht zu hören und ein Leben voller Fehler, aber ohne Angst zu beginnen.
Sollte ich eines Tages doch noch Vater werden, weil ich die richtige Partnerin für eine Familie gefunden habe – wovon ich eigentlich ausgehe –, habe ich mir eines fest vorgenommen. Ich

werde meinen Kindern ein angstfreies Leben ermöglichen, indem ich sie auf diese Art und Weise erziehe und auch selbst danach lebe. Mit Argusaugen werde ich darauf achten, all jene Schwächlinge von ihnen fern zu halten, die mit Druck und Angst versuchen, ihre Position meinen Kindern gegenüber zu behaupten. Natürlich wird mir dies nicht ganz gelingen, denn eines muss gesagt sein: Der Druck der Großen auf die Kleinen, der ja schon im Kindergarten oder in der Schule beginnt und sich in den Internaten perfektioniert, lässt sich nicht ganz eliminieren. Aber damit kann ich leben, denn es schadet nicht, wenn schon die Kinder lernen, sich zu verteidigen. Meine Aufgabe wird sich darauf konzentrieren, ihnen Folgendes beizubringen: Misserfolg ist nichts Negatives, sondern etwas ganz Positives. Und solange sie ihren Misserfolg nicht verstecken, sondern offen darüber sprechen, daraus lernen und beim nächsten Mal richtig reagieren, können sie ihn als Fundament ihres zukünftigen Erfolges betrachten.
Lassen Sie ab sofort die gesellschaftliche Vergewaltigung Ihres Geistes nicht mehr zu, freuen Sie sich über jeden Misserfolg, weil er eine weitere solide Stufe zum endgültigen Erfolg bedeutet. Sprechen Sie offen über Ihre Misserfolge, analysieren Sie Ihre Niederlagen, ignorieren Sie bösartige Bemerkungen, freuen Sie sich über die Chance, aus Fehlern zu lernen – auf Ihrem Weg zu dauerhaftem Erfolg.
Wenn ich auf mein bisheriges Leben zurückblicke, glaube ich sagen zu dürfen, Misserfolge relativ gut verdaut zu haben, ja, sie als Grundlage für neuen Erfolg betrachtet zu haben. Würde ich sagen, dass ich auch die Angst davor völlig abgelegt habe, würde ich lügen. Auch bei mir taucht immer wieder dieses Angstgefühl auf, das besonders schädlich ist. Natürlich versuche ich es jedes Mal möglichst schnell zu eliminieren und ich denke in solchen Situationen besonders intensiv an die Regeln dieses Buches. Denn es gibt tatsächlich nichts Schlimmeres als Angst. Dabei ist sie doch ganz unbegründet. Angst resultiert doch nur aus unlogischen Strafmaßnahmen unserer Gesellschaft.
Zugegeben, alles ist relativ. Ein Mann mit Verpflichtungen gegenüber seiner Frau und den Kindern hat selbstverständlich Angst, seinen Job zu verlieren. Singles, so wie ich, die nur sich selbst ge-

genüber verantwortlich sind, haben es da bedeutend leichter. Für den Fall, dass sie in ein finanzielles Loch fallen – wie es mir schon einige Male passiert ist –, reißen sie niemanden mit. Der Preis, den Menschen ohne Familie andererseits zahlen, ist, sich auch in schweren Stunden nur an der eigenen Schulter ausweinen zu können. Die Schattenseiten des Single-Daseins kenne ich nur zu gut: Ich kann meine Probleme mit niemandem besprechen, in kann mich bei keinem Partner geborgen fühlen, ich bin eben ganz auf mich selbst gestellt. Aber wie heißt es so schön? Jedes Ding hat zwei Seiten.
Jeder muss also selbst abwägen: Was gibt mir mehr Stärke? Was macht mich schwächer? Ich persönlich habe bisher geglaubt, unangreifbarer zu sein, wenn ich allein lebe und somit keine Angriffsfläche biete. Was das Verhalten eines Familienvaters betrifft, kann ich nur als reiner Theoretiker sprechen. Die folgende Antwort würde ich auch einem Kunden geben, sollte er sich in einer solchen Situation befinden: Setzen Sie mit Ihrer Familie die Spielregeln fest, klären Sie diese darüber auf, was es bedeutet, alles auf eine Karte zu setzen. Wenn sie mit Ihnen der Meinung ist, dass Sie nach dem Motto „Alles oder nichts“ riskant spielen können, wissen Sie, dass Ihre Familie zu Ihnen steht. Selbst dann, wenn Sie eine Bruchlandung machen. Wichtig ist, dass Sie Ihrer Familie die möglichen Folgen auf jeden Fall viel schlimmer schildern, als sie schlechtestenfalls eintreten können. Sollte sich Ihre Familie jedoch gegen das volle Risiko aussprechen, können Sie sich nicht auf dieses Spiel einlassen. Das bedeutet natürlich auch, dass Sie sich dadurch große, wenn auch riskante Chancen entgehen lassen.

**Abschließend noch einmal ein Rat an alle Anfänger:**

1. Trachten Sie, die nötigen Misserfolge für Ihren Erfolgsweg möglichst rasch hinter sich zu bringen.
2. Orientieren Sie sich in viele Richtungen, das heißt, tanzen Sie auf mehreren Hochzeiten gleichzeitig.
3. Vermitteln Sie sich immer das Gefühl von Unabhängigkeit, denn Abhängigkeit verursacht Angst. Und Angst führt irgendwann zu Misserfolg.
4. Rüsten Sie sich gegen die Negativ-Spirale (siehe Kapitel 4),

denn sobald sie in Kraft tritt, wird Ihr Misserfolg nur noch größer.

5. Wenn Sie Ihre Angst nicht rechtzeitig bekämpfen, wird sie zu einer chronischen Krankheit, an der Sie sogar sterben könnten. Krebs beispielsweise kann die Reaktion des Körpers auf ständig unterdrückte Ängste sein. Wie sagte Rainer Werner Fassbinder so schön? „Angst essen Seele auf."
6. Ignorieren Sie die Meinung anderer, wenn diese versuchen, Sie mit Angst kleinzukriegen, denn es ist Ihr Leben und Ihr Erfolgsweg.

**Lassen Sie Druck von außen, Erwartungen und Angstgefühle nicht mehr Ihr Leben bestimmen!**

## DIE ANGST VOR VERÄNDERUNGEN

Ich kann mir vorstellen, dass Sie einiges in Ihrem Leben verändern müssen, wenn Sie ab sofort nach den Regeln dieses Buches leben wollen. Und Veränderungen, glauben Sie mir, hat niemand gern. Menschen sind Gewohnheitstiere. Aber wie sollen sich denn Ihre Einstellung, Ihr Leben und Ihr Weg zum Erfolg ändern, wenn Sie nicht bereit sind, sich selbst zu ändern. Also – geben Sie sich einen Ruck! Ändern Sie sich und Ihr Leben!

Einen Rat möchte ich speziell den Managern von heute mit auf den Weg geben. In unserer schnelllebigen Zeit kann es nicht angehen, Veränderungen oder Umstellungen nur deshalb nicht anzupacken, um Fehler zu vermeiden. Wissen Sie, warum viele Manager keine innovativen Wege gehen wollen? Weil ihnen bewusst ist, dass ihnen auf solchen Wegen weitaus mehr Fehler passieren könnten als auf herkömmlichen, vertrauten und ausgetretenen Pfaden. Aber, liebe Manager, was ist denn so schlimm daran, Fehler zu machen? Könnte es sein, dass Sie doch nur Angst vor einem Misserfolg haben und Angst vor dem Absturz auf Ihrer Karriereleiter?

Das klingt vielleicht unglaubwürdig, ist aber leider wahr. In meiner Tätigkeit als Berater habe ich solche Situationen weitaus öf-

ter erlebt, als ich es selbst erwartet hätte. Lassen Sie mich nur ein allgemein bekanntes Beispiel nennen. 1973 wusste man bei Chrysler bereits, dass sich der Trend weg von den großen Benzinschluckern bewegte. Meine europäischen Freunde nannten mein Auto, einen weißen Chrysler Cordoba, nur die Schüssel, weil er für Europäer so riesig war. Schließlich musste ich selbst immer häufiger feststellen, dass die großen amerikanischen Schlitten zunehmend von kleineren Compact Cars, besonders aber von den sparsamen Japanern verdrängt wurden. Also, ich nehme doch an, dass diese Tatsache auch dem Management von Chrysler nicht verborgen blieb. Man hätte sich demnach radikal umstellen und die Produktion verändern müssen. Kurzfristige Einschränkungen wären wahrscheinlich die Folge gewesen. Aber hat das Management irgendwie reagiert? Nein! Denn für diese große Operation, für diesen wichtigen Eingriff wollte niemand die Verantwortung übernehmen. Warum, werden Sie jetzt berechtigterweise fragen. Ganz einfach. Bei einer derart großen Umstellung hätte Chrysler eine einschneidende Durststrecke durchlaufen müssen, mehrere Jahre hätte es keine Gewinne gegeben, und genau diese Veränderung hätte zu einem Aufschrei der Aktionäre geführt. Natürlich wusste man, dass das passive Verhalten Konsequenzen haben würde. Also suchte man nach Argumenten, um dem Umfeld zu erklären, warum nichts verändert werden musste und daher auch nichts verändert wurde.
Chrysler gäbe es heute nicht mehr, wäre nicht die Regierung mit einer Bürgschaft eingesprungen und hätte nicht ein Manager namens Lee Iaccoca das Ruder herumgerissen. Übrigens, sein Jahresgehalt betrug damals nur einen einzigen US-Dollar. Natürlich ließ er sich Optionen in Aktien zahlen. Nach dieser Rosskur ging es Chrysler wieder gut und Lee Iaccoca war um einige Millionen Dollar reicher. Und das Geheimnis dieser Entwicklung? Iaccoca konnte ohne Angst agieren, denn er setzte ja seine Karriere nicht aufs Spiel, er verlor kein großes Gehalt und er wusste, dass er etwas verändern musste, und zwar radikal. Heute kann Chrysler stolz sein auf seine Produktivität und Gewinnquote je Mitarbeiter, die weit über allen europäischen Herstellern liegt, selbst deutlich über der seines neuen Partners Daimler, ehemals Daimler-Benz. Leider sind diverse Unternehmen dem Untergang ge-

weiht, weil sie nicht auf ebensolche Art und Weise gerettet werden.

Warum nur lassen Sie, lieber Manager, es bei Ihrem Unternehmen womöglich so weit kommen? Nur weil Sie Angst vor Veränderungen haben, und vor der Möglichkeit, einen Fehler zu begehen? Einen Fehler, den man Ihnen anlasten würde. Sollten Sie nun antworten, dass so etwas bei Ihnen nicht passiert, freut es mich ehrlich. Und ich würde Sie gerne kennen lernen, um Sie nach Ihrem Erfolgsgeheimnis und Ihrer Einstellung zu Misserfolgen zu befragen. Aber einmal ganz ehrlich. Hat es in Ihrem Leben oder im Laufe Ihrer Manager-Karriere niemals einen Moment oder vielleicht sogar mehrere gegeben, in denen Sie etwas nicht entscheiden oder realisieren wollten, weil Sie Angst vor dem Ungewissen hatten, Angst, es könnte ein Misserfolg werden? Mir ist es einige Male so ergangen, und da es meine eigenen Unternehmen waren, habe ich auch den vollen Preis dafür bezahlt.

Und genau darin liegt der große Unterschied zwischen den Unternehmern von gestern und denen von heute. Die Unternehmer-Generation vor uns, jene Gründerunternehmer der deutschen Erfolgsgeschichte, hatten alles verloren, wenn sie die Notwendigkeit der Veränderung nicht erkannten. Da geht es Ihnen heute als Manager doch bedeutend besser. Einerseits haben Sie mindestens genauso viel, wenn nicht sogar mehr Macht und Einfluss als die Unternehmer von damals, andererseits gibt es für Sie heute ein Auffangnetz, sollte das von Ihnen geleitete Unternehmen Schiffbruch erleiden. Man hat sich nicht umsonst seine Seilschaften aufgebaut. Glauben Sie also nicht auch, es wäre endlich an der Zeit, gewisse Dinge zu verändern? Haben Sie doch den Mut zu rechtzeitigen Veränderungen, haben Sie den Mut für neue Wege und stehen Sie zu Fehlern, die Ihnen möglicherweise passieren.

Natürlich weiß ich, dass es dem Normalsterblichen, der für die Medien uninteressant ist, bedeutend leichter fällt, „Oops“ zu sagen, „I'm sorry, das war mein Fehler“, als Ihnen, der Sie sich in der Öffentlichkeit für Ihre Fehler rechtfertigen müssen. Aber glauben Sie mir, es ist nur eine Frage der Übung. Sobald Sie vor Misserfolgen und Fehlern keine Angst mehr haben, werden Sie so mutig wie die früheren Gründerunternehmer arbeiten, oder

wie ein Richard Branson, der selbst British Airways erfolgreich die Stirn bot. Dann sind Sie der richtige Manager für das neue Jahrtausend, und nicht ein Platzhalter der Angstgeneration von Managern, wie man sie heute leider noch viel zu oft antrifft. Verzeihen Sie mir meine harten Worte, aber analysieren Sie doch einmal die Studie im „Manager-Magazin" vom April 1999 über das Karriereverhalten und die Einstellung zu Misserfolgen, Sie werden meine Statements deutlich herauslesen.
Sollte es mir mit diesem Buch gelingen, Sie aus dem Angst- und Erfahrungsgefängnis (siehe Kapitel 7) herauszuführen, dann ist mir schon sehr viel gelungen. Alles Weitere werden Sie selbst in Ihrem neuen Managerdasein umsetzen. In diesem Fall werde ich auf dem Markt feststellen können, dass man Innovationen nicht erst dann in Angriff nimmt, wenn sie schon hinlänglich bekannt sind, sondern schon solange es sich noch um tatsächliche Neuerungen handelt.

**Aufgeschlossenheit und Flexibilität setzen hohe Bereitschaft zu Veränderungen voraus!**

## KOSTENFAKTOR ANGST

Viele Entscheidungen werden oft nur aus einem einzigen Grund nicht getroffen, und das ist Angst! Angst, sich für etwas Entscheidendes entscheiden zu müssen. Wahrscheinlich haben Sie auch schon das eine oder andere Mal bereut, eine Herausforderung nicht angenommen zu haben, nicht ins kalte Wasser gesprungen zu sein, einfach die bequemere Lösung gewählt zu haben. Oder kommen Ihnen folgende Aussagen völlig unbekannt vor: „Hätte ich damals nur mehr Mut ...", „Wäre ich doch auch ins Ausland gegangen!" oder „Warum habe ich denn das nicht ...?"
Sehen Sie, Sie kennen solche Momente. Augenblicke, in denen Sie die „sicherere", einfachere Alternative wählten. Weil Sie Angst vor den Konsequenzen hatten, die die riskantere Möglichkeit mit sich gebracht hätte. Obwohl es auf lange Sicht die bessere gewesen wäre. Heute wissen Sie das. Damals wussten Sie es

vielleicht auch schon, oder Sie spürten es, aber da waren doch so viele logische Gründe, warum Sie nicht …

Warum lassen sich Menschen nicht scheiden, obwohl beide Seiten ganz genau wissen, dass ihre Beziehung keine Zukunft hat und man eigentlich schon jetzt von keiner Beziehung mehr sprechen kann? Natürlich, die Kinder! Sie müssen oft als Entschuldigung herhalten, dabei ginge es ihnen vielleicht besser, wenn die Situation endlich bereinigt wäre. Ist es nicht vielmehr die Angst vor großen Veränderungen oder dem eventuellen Alleinsein? Also, ich für meine Person wage lieber den Schritt in eine zwar ungewisse Zukunft, doch mit der Chance auf eine schönere, bessere Beziehung, bevor ich einen halbherzigen Kompromiss eingehe. Getreu dem Motto: „Lieber ein Ende mit Schrecken als ein Schrecken ohne Ende." Ich glaube auch, dass man es im Berufsleben genauso halten sollte. Viele erfolgreiche Menschen, die ich kenne, machen lieber einen Schlussstrich unter ein Kapitel ihrer Karriere, bevor sie sich ewig lang mit Halbheiten herumquälen. Konsequenz heißt das Zauberwort.

Ich weiß natürlich, dass solche Schritte nicht leicht sind. Und ich hatte vor großen Veränderungen auch jedes Mal ein wenig Angst. Trotzdem entschloss ich mich meistens für das Neue, oft Unbekannte. Denn wenn ich es einmal nicht tat, sollte ich es später bereuen. Dann musste auch ich mir sagen: „Hätte ich damals doch nur …"

Also, bauen Sie Ihre Angst vor Veränderungen und vor den Konsequenzen anstehender Entscheidungen ab. Gehen Sie unbeirrt Ihren Weg. Um mir meine Entscheidungen zu erleichtern, gab mir eine Freundin aus Kanada einmal folgende Ratschläge, die auch Ihnen helfen könnten:

- Verschieben Sie keine anstehenden Entscheidungen.
- Erstellen Sie eine Entscheidungs-Bilanz, das heißt, stellen Sie die positiven Seiten den negativen gegenüber. Und dann entscheiden Sie sich für jene Seite, auf der Sie die größere Zahl an Punkten stehen haben.
- Überlegen Sie vor Ihrer Entscheidung noch einmal die möglichen Konsequenzen. Horchen Sie dabei auf Ihren Verstand, aber berücksichtigen Sie trotzdem auch Ihr Gefühl aus dem Bauch.

- Jetzt treffen Sie schnell und kompromisslos Ihre Entscheidung.
- Ziehen Sie diese konsequent durch.
- Schauen Sie von nun an nur mehr nach vorne und nie mehr zurück.
- Gehen Sie den neuen Weg mit Freude und Enthusiasmus, auch wenn er Ihnen nicht immer ganz leicht fällt.

Ich habe versucht, mich an diese Regeln zu halten. Und wissen Sie, was ich dabei immer wieder festgestellt habe? Wir Männer sind den Frauen bei dieser Entscheidungslogik unterlegen – vor allem im persönlichen Bereich. Das „schwächere" Geschlecht ist meistens viel konsequenter, rigoroser und härter. Sobald sich Frauen einmal für einen Weg entschlossen haben, ziehen sie diesen in der Regel kompromisslos und völlig unbeirrbar durch. Männer neigen viel eher zu Kompromissen, es stört sie nicht so sehr, wenn Situationen nicht geklärt sind, sie leben ganz gut mit dem Schein, der nach außen gewahrt bleibt – solange ihr Image und ihr Ego dabei nicht zu Schaden kommen. Männer fassen auch die Rückkehr zur Ausgangssituation viel öfter ins Auge als Frauen. Es ist schon erstaunlich und ehrlich gesagt auch bewundernswert, dass gerade Frauen in unserer Männerwelt weniger Angst vor neuen Wegen haben, obwohl sie eigentlich viel größere Angst haben dürften, weil ihnen bei ihren mutigen Entscheidungen meistens noch mehr Steine in den Weg gelegt werden, und zwar von uns Männern.

Schon vor vielen Jahren faszinierte mich der Titel des Films „Angst essen Seele auf" von Rainer Werner Fassbinder, weil darin unglaublich viel Wahrheit steckt. Damals, genau genommen war es 1973, konnte ich mir allerdings noch nicht vorstellen, dass ich mit dieser doch recht bitteren Wahrheit noch oft konfrontiert werden sollte. Bei meinem ersten großen Crash nagte die Angst ganz schön an meiner Seele. Ich möchte nun aber weniger von der persönlichen Angst sprechen als vielmehr vom Kostenfaktor Angst, der gravierende, in Zukunft sogar vernichtende Auswirkungen auf Unternehmen, Kommunen, ja die gesamte Gesellschaftsstruktur haben könnte.

„Angst essen Seele auf" und „Angst fressen Unternehmen auf", möchte ich heute behaupten. Damit meine ich, dass nicht die

bisher diskutierten Kostenfaktoren, mangelnde Innovationskraft oder der angebliche Nachteil des Standortes Europa für die wirtschaftliche Entwicklung von Bedeutung sind. Nein, ich bin der Meinung, dass in Zukunft der Faktor Angst und seine Handhabung in Unternehmen wie auch in der Gesellschaft die einzig wirkliche Bedeutung haben werden. Der Hemmschuh ist die Angst vor der Angst, etwas zu bewegen, die Angst vor neuen, unbekannten Wegen und die damit logischerweise verbundene Möglichkeit, Fehler zu machen und Misserfolge zu ernten. Aus dieser Angst heraus bleiben Manager gerne den alten, erprobten Methoden treu, anstatt Mut zu Veränderungen nach dem Muster „Trial and error“ zu zeigen.
Professor Lutz von Rosenstiel bezeichnet in seiner vom „Manager-Magazin“ beauftragten Studie zum klassischen Bild der deutschen Manager diese als „tüchtige Beamte eines konventionellen Erfolges“. Doch diese Elite-Manager sollten die Innovationen des angehenden nächsten Jahrtausends zum Wohle der Gesellschaft steuern. Wie soll das funktionieren? Und wen trifft die Schuld, wenn es nicht funktioniert? Ich glaube nicht, dass man die Schuld bei den jungen Managern suchen darf, die sich dem System anpassen. Denn wenn sie heute Karriere machen wollen, bleibt ihnen nichts anderes übrig, als sich wie ihre Vorgänger „angepasst, glatt und konturlos“ zu präsentieren.
In diesem Zusammenhang erlaube ich mir, die Zusammenfassung über den deutschen Durchschnittsvorstand aus dem „Manager-Magazin“ gekürzt zu zitieren: „Der deutsche Durchschnittsvorstand ist ein Einzelgänger, 54 Jahre alt, Doktor der Betriebswirtschaft, fleißig, ehrgeizig und loyal. Im Ausland war er nicht, in fremden Branchen nur selten. In den rund 20 Jahren, die er brauchte, um an die Spitze zu gelangen, hat er drei Firmen kennengelernt. Mangelnden Gestaltungswillen macht er wett durch Leistungsbereitschaft, Fehler macht er kaum.“
Wen wird man demnach heute in einem deutschen Unternehmen in die Führungsetage einziehen lassen? Glauben Sie, dass ein Jungunternehmer, der schon auf viele Fehler verweisen kann, vielleicht sogar schon einen Konkurs hinter sich hat, wiederholt die „Trial and error“-Methode angewendet hat und immer wieder neue, unkonventionelle Wege gegangen ist, auch

nur die geringste Chance hat? Meiner Meinung nach wäre er der ideale Kandidat für den Vorstand, wenn er aus seinen Fehlern auch wirklich gelernt hat und nach wie vor den Mut besitzt, andere Wege einzuschlagen. In meinen Augen wäre er ein Teammitglied, über das sich jedes Unternehmen freuen sollte, ganz besonders dann, wenn er seine Fehler mit seinem eigenen Geld bezahlt hat. Und vorausgesetzt natürlich, dass er kein chronischer „In-Konkurs-Geher“ ist.

Aber wie sieht die Realität aus? Ein Jungmanager mit oben beschriebenen Eigenschaften passt nicht in das gegenwärtige Bild. Denn da zählen Fachkompetenz, Motivation, vor allem aber auch Integrität, Loyalität und Bescheidenheit zu den wichtigsten Eigenschaften eines Topmanagers. Fehler, Misserfolge oder gar Konkurs fügen sich hingegen überhaupt nicht in diesen Rahmen. Stellt sich die Frage, ob es nicht höchste Zeit zum Umdenken ist.

Glauben Sie eigentlich, dass ein Manager, der den klassischen Vorstellungen entspricht, den Anforderungen an Beweglichkeit, Flexibilität und Innovationskraft und dem rapide wachsenden Know-how gerecht werden kann? Wie sieht denn die neue Generation der Unternehmensgründer in der Internet-Szene aus? Und wie werden die Manager jener neuen Unternehmen aussehen, die infolge der unglaublichen Informations-Revolution und der dadurch ausgelösten Veränderungen im Entstehen sind? Ich bin davon überzeugt, dass die neue, erfolgreiche Manager-Generation kaum etwas mit ihren angepassten, starren und absolut nicht risikofreudigen Vorgängern zu tun haben wird.

Wenn ich gelegentlich am Flughafen sitze und Menschen in dunklen Anzügen und handgefertigten Schuhen herumlaufen sehe, frage ich mich, wie sie die neue Welt verstehen können beziehungsweise ob sie eine neue Welt überhaupt verstehen wollen. Dann fällt mir immer wieder die Anfangszeit meiner Berufslaufbahn ein. 1979 hatte ich zum ersten Mal mit dem Philips-Konzern zu tun. Die Welt hatte sich damals zwar verändert, doch in mir sah man trotzdem einen Verrückten, weil ich fest davon überzeugt war, dass Computer bald überall ihren Einzug halten würden. Meine Zusammenarbeit mit Philips war jedenfalls sehr gut. Als sich nach Jahren mit der „Fun-Welle“ eine neuerliche

Veränderung ankündigte, war ich wieder bei Philips in Eindhoven. Ich diskutierte mit den damaligen Managern, wie man sich mit einem Fun-Konzept dem Trend anpassen könnte. Dabei stellte sich heraus, dass der Entscheidungsprozess bis zu 18 Monate dauern würde. Mir war klar, dass solche Prozesse bei der Herstellung von Glühlampen durchaus denkbar waren, selbst in der EDV waren so lange Phasen damals – heute bestimmt nicht mehr – noch vorstellbar, doch im Bereich Fun, einer neuen Welle für die Jugend, im Zuge deren sich auch das Konsumverhalten veränderte, war ein Entscheidungsprozess von derartiger Länge nicht möglich. Schon damals erkannte ich, dass jene erfolgreiche Generation von Managern für die moderne Welt nicht der richtige Entscheidungsträger sein konnte. Leider sehe ich mich auch heute noch bei vielen Managern in die Hauptverwaltung von Philips in Eindhoven zurückversetzt, wo man auf Loyalität, Integrität, Bescheidenheit, Fleiß und Fachkompetenz größten Wert legte und sich jede Entscheidung möglichst gründlich, und lieber zu lang als zu kurz überlegte.
Ähnliche Situationen sollte ich in den achtziger Jahren noch öfters erleben, zum Beispiel bei Adidas, dem damals größten Sportartikelhersteller der Welt, bei Skifirmen wie Atomic oder Blizzard und bei etlichen anderen großen Unternehmen. Aus der Sicht der Fun-Welle waren die Manager aller dieser Betriebe in ihrer Denkweise veraltet und verstaubt und verstanden überhaupt nicht, was da auf sie zukam. Ganz im Gegensatz zu den verrückten neuen Unternehmungen, die gerade im Entstehen waren. Wie zum Beispiel Reebok, das sich mit Hilfe der Fun-Welle aus kleinsten Verhältnissen zum Großunternehmen emporarbeitete. Es war die Zeit der Turnschuh-Unternehmer, und Firmen wie Nike gaben plötzlich neue Spielregeln vor. Adidas und Puma, den „Vertretern des Schweißsportes“, wie ich sie damals nannte, standen lange Jahre der Erkenntnis bevor.
Woran liegt es, dass sich manches nie ändert und einige, ich fürchte fast, viele Manager nichts dazulernen wollen? Ganz einfach, weil als Nachfolger immer nur jene gefördert werden, die dem Bild des bisherigen Vorstands, Chefs oder Managers am nächsten kommen. Am besten, sie stellen ein Ebenbild dar. Bei allem Respekt und bei aller Loyalität für die Leistungen der bis-

herigen Bosse – glauben Sie, dass sich der Markt genauso verhält? Dass er weitere zehn Jahre so bleibt, wie er bisher war?
In den vergangenen zwanzig Jahren hatte ich die größten Schwierigkeiten und es kostete mich ungeheure Kraftanstrengung, Vorstände und Entscheidungsträger von ihren eingefahrenen Denkweisen loszueisen und ihnen die neuen Wege so plastisch zu schildern, dass sie diese auch verstanden. Betrachte ich heute die Schwierigkeit meiner Überzeugungsarbeit, hat sich gegenüber früher rein gar nichts geändert. Meine Präsentation und meine Darstellung haben sich zwar verbessert und mein Wissen hat sich vermehrt, dafür ist die Engstirnigkeit, Trägheit und Unflexibilität meiner Gegenüber noch ärger geworden. Rolf von Emmerich, ein langjähriger Personalberater, meint, dass die Zahl derer, die das Zeug zum Unternehmensführer haben, bedächtig abnimmt. Nun, meiner Meinung nach nimmt die Zahl zwar nicht ab, aber man zwingt diese Menschen immer mehr in eine Vorstandsuniform, die weder den heutigen, und schon gar nicht den zukünftigen Anforderungen entspricht.
Es wäre so wichtig, den Nachwuchs-Managern ihre Angst zu nehmen, sie zu unterstützen, Fehler zu machen, natürlich mit der Auflage, daraus zu lernen, denn **Erfahrung ist die Summe der eigenen Misserfolge.** Die zukünftige Geschäftswelt braucht gewachsene, erfahrene Manager, die anders sind als die anderen.
Wie gesagt, ich habe auf diesem Gebiet schon so manche Erfahrung gemacht. Da war zum Beispiel einmal der Auftrag, eine Hotelkette zu reorganisieren. Mit Hilfe eines völlig neuen Management-Konzeptes gelang es mir innerhalb nur eines Jahres, einen Betrieb dieser Kette auf Erfolgskurs zu führen. Doch als ich das Konzept im gesamten Konzern, vor allem im Management, umsetzen wollte, war plötzlich wieder die Angst vor Neuerungen und Veränderungen da und aus Angst griff man auf das alte, vertraute System zurück. Dabei hätten Vernunft und Logik für das neue Konzept gesprochen.
Ende 1998 war ich von der Stadt Wiesbaden zu einem Präsentationsgespräch eingeladen worden. Man wollte dort ein neues Urban Entertainment Center schaffen, um die Jugend in der Stadt zu halten. Das verstaubte Stadtimage sollte abgelegt werden und einem modernen, dynamischen weichen. Natürlich war man an

der Kaufkraft der Jugendlichen aus der Stadt und deren Umfeld interessiert. Ich entwickelte also ein völlig neues Konzept unter dem Namen „FunCity" – ein Movietainment –, eine neue Generation von Kino- und Freizeit-Welten. Auf 50.000 Quadratmetern sollten sich Dinge abspielen, wie es sie bisher noch nicht einmal in Amerika gibt. Ich war fest davon überzeugt, dass diese Innovation nicht nur in der Stadt selbst, sondern weit über ihre Grenzen hinaus ein Zeichen setzen würde. Doch sechs Monate später entschied man sich für ein herkömmliches Multiplex-Konzept. Sie werden jetzt vielleicht sagen: „Na ja, das Konzept war eben doch nicht so großartig." Ich weiß aber, dass es ein besonders gutes Konzept war, weil es sämtliche Berechnungswerte der Trend-Diskontinuitäts-Analyse (siehe Kapitel 7) bestätigte. Und weil ich vor kurzem noch eine ganz wichtige Bestärkung erhielt. Während der Filmfestspiele in Cannes lernte ich zwei alte Film-Profis aus Amerika kennen, denen ich mein Konzept zeigte. Schon bei unserem zweiten Treffen bat mich Beverly Camhe, eine erfolgreiche und erfahrene Produzentin aus Hollywood, vorerst mit niemandem über dieses Konzept zu sprechen, da es unglaublich heiß sei und sie es unbedingt ihren Freunden zukommen lassen wolle. Na, wenn das keine Bestätigung ist. Das Konzept ist gut, sehr gut sogar. Aber warum wollte es dann die Stadt Wiesbaden nicht? Dabei hatte sogar eine Studie, die von der Stadt in Auftrag gegeben worden war, ein Projekt wie „Fun City" unterstützt. Wovor hatten die Stadtverantwortlichen Angst? Sie wollten nichts falsch machen. Und wahrscheinlich dachten sie, mit einem Multiplex nichts falsch zu machen, weil es schon überall solche Kinos gibt. Bei dieser Entscheidung war der Angstfaktor Risiko recht gering. Sollte man meinen. Ich teilte den zuständigen Herren nämlich ganz unmissverständlich mit, dass die herkömmlichen Multiplexe bereits am Ende sind und es schon zu viele davon gibt. Abgesehen davon kann man mit einem Multiplex allein der Jugend sicher nicht imponieren und damit das Image der Stadt grundsätzlich verändern.

Was war aber wirklich der Grund für die Ablehnung? Die Angst vor dem Neuen konnte es nicht sein, denn der zuständige Projekt-Entwickler hatte nach diversen Gesprächen und Präsentationen verstanden, was ich wollte, und hatte keine Angst mehr da-

vor. Was war es dann? Es dauerte lange, beschämend lange, muss ich sagen, bis ich endlich dahinter kam. Wahrscheinlich waren wohl mehrere Misserfolge nötig, bevor ich begann, mich mit dieser Frage auseinander zu setzen und schließlich die Antwort zu finden. Natürlich, es war schon die Angst vor dem Neuen, aber nicht die Angst des Projekt-Entwicklers, sondern die der Bank oder der entsprechenden Fondsgesellschaften.
Plötzlich war es mir völlig klar. Ein Banker oder Entscheidungsträger innerhalb eines Fonds, der das Konzept nur vorgelegt bekommt, kann es nicht verstehen. Und was man nicht versteht, verursacht Ungewissheit, Unsicherheit und letztlich Angst. Ich höre diese Menschen direkt fragen: „Ein Movietainment, was ist denn das? Machen Sie doch lieber ein Multiplex mit einem der großen Betreiber, davon haben wir schon viele finanziert. Multiplexe kennen wir und sie funktionieren auch." Also wieder die Angst vor dem Neuen, Unbekannten. Glauben Sie aber, dass der Kunde auch so reagiert? Interessieren Sie sich als Kunde nicht auch für größere, spektakulärere Dinge auf dem Markt?
Warum pilgern derzeit so viele junge Menschen in den neuesten „Star War"-Film? Inhaltlich unterscheidet sich der Streifen kaum von seinem Vorgänger, aber die technischen Raffinessen und Computer-Animationen sollen im neuen Film weitaus beeindruckender sein. Die heutige Jugend geht aber nicht nur des Filmes wegen in diese Freizeittempel des Vergnügens. Das Neue ist reizvoll und interessant. Und der Kunde ist käuflich und untreu. Also wird auch die Elterngeneration demnächst in die neuen Paläste abwandern. Und was dann? Dann stehen die veralteten, wenn auch erst vor kurzem erbauten Multiplexe leer. Eine totale Fehlinvestition – wie viele andere auch. Und das nur, weil der Banker oder Finanzier in eine Freizeitform investierte, die auf dem Markt bereits mehrfach vertreten, also bekannt ist, damit aber den Höhepunkt ihres Lebenszyklus schon überschritten hat. (Genaueres darüber lesen Sie bitte in Kapitel 7.) Ganz ohne Angst, etwas falsch zu machen. Während der Geldgeber vor dem Neuen, im Trend und Zeitgeist der jugendlichen Zielgruppen Liegenden sehr wohl Angst hatte. Und daher die Finanzierung ablehnte.
Was mache ich also, seit ich zu dieser Erkenntnis gekommen bin? Ich präsentiere und erkläre meine Projekte und Konzepte

allen Finanziers genau so wie den Projekt-Entwicklern, um ihnen die Angst vor dem Unbekannten zu nehmen.
Was glauben Sie, wie viele tolle Ideen und Produkte an Unternehmen herangetragen werden, die sie schon heute in völlig neue Dimensionen katapultieren könnten und natürlich den Grundstein für eine erfolgreiche Zukunft legen würden. Manche scheitern schon am Eingang, weil man den Erfinder nicht ernst nimmt. Die meistern scheitern allerdings am Management, das nichts aufs Spiel setzen möchte, dabei aber meistens nur an die eigene Karriere denkt und sich bei Entscheidungen an das Motto „Alt, aber gut" hält. Kommt Ihnen das bekannt vor? Mir auf jeden Fall. Meine diesbezügliche Erfahrung reicht von Klein- und Großbetrieben über Konzerne bis zu Städten wie etwa Wiesbaden und Schärding. Das österreichische Schärding wollte ich überglasen und mit inszenierten Themen neu beleben, um die Kaufkraft des Einzelhandels zu heben und die Stadt attraktiver zu machen. Das Projekt Schärding scheiterte an der Stadtverwaltung.
Im Zuge meiner Arbeit an diesem Buch führte ich auch ein sehr aufschlussreiches Gespräch mit dem Wirtschaftsberater Dr. Wilfried Krebs. Er bestätigte mir, dass er auch in seinem Beruf nahezu auf Schritt und Tritt mit dem Phänomen „Kostenfaktor Angst" konfrontiert wird. Ihn fasziniert dabei besonders die Tatsache, dass man die Ursachen dafür nicht erkennt und nichts dagegen unternimmt. Dr. Krebs nennt dieses Phänomen „Defensiv-Management", ein Begriff, den er aus der Medizin ableitete. In der so genannten „Defensiv-Medizin" werden nämlich Unsummen von Geld verpulvert – aus völlig unsinniger Angst heraus.
Dr. Krebs hat in der täglichen Praxis Folgendes festgestellt: „Die Entscheidungsträger fungieren im Rahmen des Defensiv-Managements nach dem Prinzip der Risiko-Minimierung, wobei sie in erster Linie das Risiko für ihre Position, und nicht für das Unternehmen, möglichst klein zu halten versuchen. Steht eine Entscheidung an, so wird in den meisten Fällen die risikolosere Variante gewählt." Anhand eines fiktiven Beispiels würde das folgendermaßen aussehen: Ein Unternehmen kann bei der Anschaffung einer neuen EDV-Lösung aus mehreren Angeboten wählen. In sämtlichen Entscheidungskriterien würde eine klei-

nere Unternehmung klar gewinnen, nur die Sicherheit des Vertragspartners ist ein Problem. Den Auftrag erhält somit IBM oder SAP, weil dem Entscheidungsträger mit dieser Wahl bestimmt keine Probleme erwachsen. „Die Devise heißt entweder einen Orden oder den Gnadenschuss", meint Dr. Krebs, „und Manager sind rund um die Uhr bemüht, diesen Gnadenschuss zu vermeiden." Und die Folge? Der kleine Unternehmer kommt nicht aus seinen Startlöchern, dafür werden IBM oder SAP noch mächtiger. Die Großen fressen die Erfolg versprechenden Kleinen und werden noch größer. „Die Summe der Vermeidungsmechanismen bestimmt die Entwicklung der Wirtschaft in Richtung einiger weniger Großer", sieht Dr. Krebs die Entwicklung der internationalen Gigantomanie im Unternehmensbereich.
Doch zurück zum Faktor Angst. Dr. Krebs führt ihn auf die Verrechtlichung all unserer Lebensbereiche zurück, die das Recht schließlich ad absurdum führen. Wenn ich da an das amerikanische Rechtssystem denke, kann ich ihm nur beipflichten. In Amerika sollte man sich vor jedem Schritt den möglichen Schadensersatz überlegen. Eine Situation, die Angst erzeugt. Angst, die nicht nur den Menschen, sondern auch das System hemmt. Ich bin mit Dr. Krebs auch einer Meinung, dass die heutige Rechtsprechung schon lange nicht mehr mit den sozialen und moralischen Umwälzungen in den verschiedenen Gesellschaftssystemen Schritt halten kann.
Neben Angst ist der Verlust der Unternehmerpersönlichkeit ein weiterer negativer Faktor in diesem Bereich. Der Trend zu immer größeren und wirtschaftlicheren Einheiten, die Übernahme kleiner Unternehmen durch große Konzerne führt dazu, dass ein einzelner Mensch, nämlich der Eigentümer eines Unternehmens, gar nicht mehr existiert und daher seine starke Persönlichkeit, seine Dynamik und Flexibilität auch nicht mehr zum Tragen kommen können. Ein richtiger Unternehmer ist einer, der seine Entscheidungen alleine trifft, ohne Rücksicht auf irgendwelche Angstfaktoren, die die Entscheidungen eines Managers sehr wohl beeinflussen. Natürlich muss auch der Unternehmer befürchten, seinen Betrieb bei extrem falschen Entscheidungen zu verlieren, er muss aber nicht befürchten, seine Laufbahn zu gefährden, wenn er sich einmal irrt. Manager dagegen nehmen bei

ihren Entscheidungen immer Rücksicht auf ihre eigene Karriere. Sollte sich das Ziel des Managers mit dem des Unternehmens decken, ist beiden bestens gedient. Aha, ich höre einige Manager ganz laut dementieren. Aber bitte, sind wir doch ehrlich, ist uns nicht allen das Hemd näher als der Rock? Ich zähle mich genauso dazu, auch ich gehe bei meiner Arbeit auf ähnliche Art und Weise vor. Je mehr sich ein Projekt mit meinen eigenen Karriere-Vorstellungen deckt, desto näher steht es mir. Das gebe ich offen und ehrlich zu. Und dazu bekenne ich mich auch. Aber ich habe keine Angst!

Doch Angst wird zum bestimmenden Wesensmerkmal in der Vorgangsweise von Managern – obwohl dies in Befragungen natürlich niemals aufscheint. Denn Angst gehört nun einmal nicht zu den Tugenden dieses Berufsstandes. In meiner Zeit als Turnaround-Manager habe ich allerdings jede Menge Manager mit Angst kennen gelernt. Verständlich, da ihr Stuhl zur Disposition stand. Oder hätten Sie keine Angst, wenn Ihr Unternehmen vor dem Zusammenschluss mit einem anderen steht und dann natürlich zu viele Mitarbeiter an Bord sind? In solchen Situationen lautet die Regel: Nicht viel bewegen, keinen Staub aufwirbeln und bloß keine Fehler machen. Das ideale Angstklima, um Innovationen zu verhindern!

Die „Großen Fünf" der Accounting-Beratungsindustrie gedeihen prächtig auf dem Humus Angst und den daraus resultierenden Maßnahmen zur Absicherung. Die Rückversicherung der Rückversicherung wird zum Dogma der Wirtschaft. Was glauben Sie, wie viele Studien nur deshalb in Auftrag gegeben werden, um sie sozusagen als Fallschirm in der Schublade liegen zu haben. Im Fall der Fälle kann man sich dann auf diese Studie berufen, denn welche Entschuldigung oder Rechtfertigung wäre besser für die eigene Entscheidung als die Bestätigung eines, meist renommierten Experten. Dabei habe ich im Laufe der Zeit Studien gesehen, da wünschte ich, die Bäume, die gefällt wurden, um als Papier für die Unterlage solcher Unglaublichkeiten zu dienen, stünden noch. Aber Papier ist geduldig und die Angst rechtfertigt solche Papiere. Ich glaube aber, dass der Faktor Angst billiger eliminiert werden könnte. Überlegen Sie sich doch einmal das Prozedere solcher Studien. Da wird womöglich schon bei der Auftragsvergabe gespart. Und man delegiert eine oder mehrere wichtige Entscheidungen an einen jungen Absolventen der Wirtschaftsuniversität, der in einem der vielen Beratungsunternehmen gerade seine Karriere in Angriff nimmt. Denn solche Studien sind letztlich doch nur dazu da, die Ablehnung von Projekten zu begründen respektive deren Verwirklichung zu stützen. Diese „Absicherer" der Angst führen jedoch oft zu langen Verzögerungen und verursachen für die Wirtschaft ein Vermögen nicht thematisierter Kosten.

Wo waren denn diese „Angst-Terminatoren" in der Nachkriegszeit? Zum Glück gab es sie damals noch nicht, sonst wären wir vielleicht heute noch im Wiederaufbau. Die Unternehmer jener schweren Zeit konzentrierten sich vornehmlich auf Handlungen, setzten Aktivitäten und legten womöglich selbst Hand an, wenn Not am Mann war, aber sie haben sich bestimmt nicht überlegt, wie sie ihre Angst vor der Zukunft absichern konnten. Zugegeben, auch dynamische Unternehmen wie zum Beispiel Schliecker oder Borgward verloren damals alles. Dass manche Firmen ein solches Schicksal ereilt, ist aber von jeher so gewesen und wird auch immer so bleiben. Dagegen sind auch Berater und deren Studien machtlos.

Verstehen Sie mich jetzt bitte nicht falsch. Selbstverständlich haben viele gute Beratungsunternehmen ihre Berechtigung, weil sie sehr kompetent sind. Sie sollten aber nicht dafür eingesetzt werden, Managern die Angst vor ihren Entscheidungen zu nehmen, sondern sie als Coaches auf innovativen und dynamischen Wegen in die Zukunft zu begleiten.

Schließlich möchte ich in diesem Zusammenhang auch noch betonen, dass Angst nicht nur auf der obersten Management-Ebene anzutreffen ist, sondern sich durch alle Ebenen und Bereiche eines Betriebes oder Konzerns zieht. Je mehr das Top-Management auf Angst aufgebaut ist, desto stärker findet sich dieses Gefühl logischerweise auch auf den unteren Ebenen. Genauso muss man aber auch den umgekehrten Fall sehen. Oder können Sie sich vorstellen, dass in einem Net-Kid-Unternehmen, wo das Durchschnittsalter im Management bei 22 Jahren liegt, der Faktor Angst ein Thema ist? Ganz bestimmt nicht! In den wenigen Jahren ihrer Karriere haben die Kids damit bestimmt noch

nicht Bekanntschaft gemacht. Und werden es möglicherweise auch nie tun, weil ihr Job sowieso nur ein temporäres Vergnügen ist. Auch wenn einige von ihnen Milliardäre geworden sind. Weil sie einfach keine Angst hatten, etwas völlig Verrücktes zu tun, ganz neue Wege zu gehen und Produkte zu kreieren, die sich der Kunde wünschte, aber noch nicht hatte. Junge Unternehmen wie beispielsweise Yahoo kannten die Wünsche der Kunden und setzten die neuen Trends.
Also, wenn ich mich jetzt wieder an die Manager in ihren braven dunklen Anzügen und handgenähten Schuhen auf irgendwelchen Flughäfen erinnere und an die Studie von Professor von Rosenstiel denke, in der Kundenorientierung, Lernfähigkeit, Humor und Krisenfestigkeit für die Karriere eines Managers ganz weit hinten rangieren, dann mache ich mir vielleicht doch nicht ganz unberechtigt Sorgen. Ehrlich gesagt, bekomme ich dann sogar Angst.

**Wir brauchen angstfreie Manager!**

Kapitel 3

# DAS GEHEIMNIS DER MOTIVATION

## DAS KÖNNEN UND DAS WOLLEN

Jeder Mensch kann Erfolg haben. **Ja, Sie können!** Schreien Sie es laut und deutlich hinaus. Sie können Erfolg haben! Worin liegt aber das Geheimnis? Ganz einfach!

„Jeder kann es schaffen, wenn er nur will." Lassen Sie es mich so ausdrücken: Jeder kann es schaffen, wenn er **unbedingt** will und wenn er über das notwendige Durchsetzungsvermögen verfügt. Natürlich schaden Wissen und Intelligenz nicht. Aber Sie werden im Leben oft feststellen, dass es nicht immer die Intelligentesten sind, die das große Ziel erreicht haben. Ich behaupte sogar, dass der bodenständige, einfache Erdenbürger mit seiner Bauernschläue oft viel weiter kommt als der Intellektuelle. Das Können kann man erlernen. Entscheidend ist der Wille, das fast fanatische **„Ich will!"**

Zwei Komponenten bestimmen unser Leben und unseren Erfolg: das „W" und das „K". „W" steht für absolutes Wollen, „K" für Können, das größtenteils auf Erfahrung basiert. So absurd es jetzt auch klingen mag, Können kann man eben erlernen. Menschen mit großem Talent oder einer exzellenten Ausbildung verfügen a priori über das Fundament des Könnens, manche mehr, manche weniger. Doch jeder hat die Möglichkeit, sich das „K" anzueignen. Wie Sie später noch erfahren werden, ist es manchmal sogar von Vorteil, wenn Sie gewisse Dinge nicht in der Schule oder auf der Universität gelernt, sondern autodidaktisch erworben haben – ohne das berüchtigte Erfahrungsgefängnis, auf das ich in Kapitel 7 genau eingehe. Können ist zum Teil auch eine Frage des Experimentierens, nach der amerikanischen Vorgangsweise des „Trial and error" (siehe ebenfalls Kapitel 7), die in Europa manchmal als Dilettantismus bezeichnet wird, in der

ich aber das wahre Geheimnis des amerikanischen Erfolges sehe. Probieren Sie einfach verschiedene Möglichkeiten aus und finden Sie heraus, welche Variante die beste ist – ohne lange zu hinterfragen, wo eventuelle Fehlerquellen liegen mögen. Natürlich können Sie mit der „Trial and error“-Methode mehr Fehler machen, aber Sie werden damit auch völlig neue Wege entdecken. Entspricht das nicht viel eher unserem innovativen Zeitgeist? Übrigens, Christoph Kolumbus wollte eigentlich nach Indien – und hat dabei Amerika entdeckt. Ich könnte Ihnen jetzt noch viele weitere Entdeckungen und Erfindungen als Beispiele nennen. Und wo stände die Medizin heute, wenn Ärzte und Wissenschaftler immer Angst vor Misserfolgen gehabt hätten?
Ausschlaggebend für Ihren zukünftigen Erfolg ist aber nicht das „K“ allein, denn selbst überdurchschnittliches Können wird Ihnen rein gar nichts nützen, wenn Sie nicht wollen. Was den Willen eines Menschen betrifft, sind alle Außenstehenden, seien es Vorgesetze oder Mitarbeiter, aber auch Freunde, Partner oder andere Familienmitglieder, so gut wie machtlos. Das „W“ muss in Ihnen stecken und aus Ihnen selbst kommen, damit Sie Dinge anpacken – aus Interesse, aus Freude an der Sache, aus Lust, aus Ehrgeiz, eben aus dem Wunsch heraus, es zu tun. Wie so oft im Leben gibt es auch im Bereich des Wollens Extreme: Für besessen Ehrgeizige ist das „W“ der Inhalt ihres Lebens, während die total Unwilligen selbst mit größter Motivation nicht dazu zu bewegen sind, etwas tun zu wollen.
Vielleicht gefällt Ihnen meine diesbezügliche Philosophie im Umgang mit Mitarbeitern, aber auch Partnern: Ich gebe jedem Menschen zwei Chancen, das heißt, ich bringe ihm einmal mein uneingeschränktes Vertrauen entgegen und hoffe, dass er sich auch wirklich bewähren will. Muss ich nach zwei Versuchen feststellen, dass der nötige Wille entweder gar nicht vorhanden oder leider nicht aufbaufähig ist, trenne ich mich von der entsprechenden Person.

**Ich glaube, dass Menschen, die wollen und nicht können, größere Erfolgschancen haben als jene, die können, aber nicht wollen!**

## DER WEG ZUM „ICH WILL"

Der Weg zum „Ich will" setzt natürlich voraus, dass Sie auch wissen, **was** Sie wollen. Wenn ich Ihnen dabei raten darf: Seien Sie ja nicht bescheiden, übertreffen Sie die Erwartungen aller und leben Sie Ihre eigenen Gesetze – auch in dem, was Sie wollen. Streben Sie weit mehr an als guten Durchschnitt, heben Sie sich ab von der Mittelmäßigkeit vieler anderer. Kraft und Durchsetzungsvermögen machen Sie attraktiv, tun Ihrer persönlichen Ausstrahlung gut und öffnen Ihnen viele Türen. Natürlich ist dafür auch ein gesundes Maß an Egoismus nötig. Aber bitte, übertreiben Sie nicht, sonst könnte sich Ihr „Ich will" auch gegen Sie richten.
Also, wie steht's mit Ihnen? Wissen Sie, was Sie wollen? Wissen Sie es wirklich ganz genau? Am besten, Sie nehmen sich ein wenig Zeit, um herauszufinden, was Sie tatsächlich wollen. Schreiben Sie alle Ihre Wünsche auf ein Blatt Papier und ordnen Sie diese entsprechend Ihren Prioritäten. Die absolut wichtigsten Wünsche tragen Sie in Spalte A ein, die weniger wichtigen in Spalte C. Und all jene, bei denen Sie sich im Moment nicht entscheiden können oder wollen, ob sie zu A oder C gehören, schreiben Sie vorerst in Spalte B. Jetzt denken Sie nur mehr über die „Ich will" der Kategorie A nach. Entscheiden Sie sich, welche drei Wünsche Ihnen am wichtigsten sind, und setzen Sie, je nach Priorität, die Zahl 1, 2 oder 3 hinter das A.
Gar nicht so einfach? Und zeitaufwendig? Gut so, ich erwarte nämlich von Ihnen auch, dass Sie die Sache ernst nehmen. Denn nur wenn Sie sich alle Ihre „Ich will" gründlich überlegt haben, können Sie sich jetzt auf die wichtigsten konzentrieren. Von nun an werden Sie nicht nur einfach Ihren Weg gehen, Sie werden Ihr ganz großes Ziel erreichen, Ihre A1-Priorität aller Wünsche, Ihr „Mega-Ich-will" verwirklichen.
„Wenn das alles so einfach ist, warum haben dann so viele Menschen trotzdem nur recht mittelmäßigen Erfolg?", werden Sie sich jetzt vielleicht fragen. Das mag einerseits daran liegen, dass viele Leute gar nicht mehr erreichen wollen. Oder sie haben mittlerweile resigniert und ihre großen Ziele verworfen, weil sie sich durch Misserfolge, Rückschläge oder auch andere Men-

schen bremsen ließen und inzwischen nicht einmal mehr daran zu denken wagen. Natürlich gibt es auch genug Menschen, die ewig von ihrem „Ich will"-Ziel träumen, aber viel zu wenig Energie und Ehrgeiz in das Erreichen ihres Zieles investieren. Ohne Anstrengung und Ausdauer werden Sie wahrscheinlich gar nichts erreichen. Nur daran zu denken genügt eben nicht. So bleiben große Ziele oft nur Träume.
Sie müssen also mehr anstreben als nur mittelmäßig zu sein. Nehmen Sie sich beispielsweise die Erfolgsphilosophie von Ferdinand Piëch, dem Vorstandsvorsitzenden des Volkswagenkonzerns, zum Vorbild. Sein Spruch lautete: „Ich möchte möglichst schnell aufs Podest hinauf", womit er das Siegerpodest meinte, und selbst dort einzig und allein den ersten Platz. Vielleicht sagen Sie jetzt, „Na ja, das ist einer von wenigen", oder Sie erklären sich seinen Erfolg damit, dass Herr Piëch ja aus der Familie Porsche stammt. Unter solchen Umständen hätten Sie es auch geschafft.
Ich habe zwar nie persönlich mit ihm gesprochen, doch aufgrund eines Beratungsprojektes im Automobilbereich musste ich mir ein sehr genaues Bild von Ferdinand Piëch und seiner Persönlichkeit machen. Ich bin heute fest davon überzeugt, dass er sich seine Position nicht nur wegen seiner Herkunft und seines Könnens, sondern auch aufgrund seiner Härte und seines starken Willens erkämpft hat. Erkennen Sie nun das Geheimnis? Sie können es schaffen, Sie müssen nur wollen – und Sie müssen kämpfen für Ihr „Ich will". Und bitte, lassen Sie sich auf keinen Fall durch Rückschläge oder die Meinung anderer von Ihrem Ziel abbringen. Auch wenn es länger dauert, als Sie sich erwartet oder vorgenommen haben, bis Sie endlich am Ziel sind.
Setzen Sie sich also ruhig große Ziele, legen Sie die Erfolgslatte möglichst hoch, denn Sie können alles erreichen, wenn Sie nur wirklich wollen. Lernen Sie aus den Fehlern auf dem Weg zu Ihrem angestrebten Ziel, werden Sie Schritt für Schritt besser und steigen Sie schließlich aufs Siegerpodest. Worin liegt denn der Sinn im Älterwerden? Bestimmt nicht darin, dass Sie äußerlich an Attraktivität verlieren und Ihre physische Kraft nachlässt. Das Schöne am Älterwerden ist das zunehmende Wissen, die wachsende Erfahrung und die Umsetzung und sinnvolle Anwendung

dieser Reichtümer. Ignorieren Sie all jene Menschen, die Ihnen einreden wollen, Ihre Ziele seien unrealistisch. Wenn Sie über die nötige Ausdauer und den wirklichen Willen für ein großes Ziel verfügen, werden Sie dort auch ankommen. Allen Ungläubigen, Miesmachern und Neidern zum Trotz.
In diesem Zusammenhang fällt mir ein Spruch meines Vaters ein, mit dem er mich und meine Zielvorstellungen im Zaum halten wollte: „Mit vollen Segeln fährt der Jüngling hinaus aufs Meer, mit gebrochenen Segeln kehrt der Greis in den Hafen zurück." Diese Einstellung konnte ich nie verstehen, denn eines war mir immer bewusst: Ich würde auf jeden Fall hinaussegeln, aber bestimmt nicht mit zerschlissenen Segeln zurückkehren. Denn Segel kann man immer wieder neu setzen. Für meinen Vater waren meine Ziele völlig unrealistisch und er hat immer versucht, sie in „vernünftige" Bahnen zu lenken. Seiner Meinung nach in vernünftige Dimensionen, für mich in langweilige Mittelmäßigkeit, die niemals mein Lebensziel sein konnte.
Greifen wir doch wieder einmal auf das treffende Beispiel des kleinen Kindes zurück. Ein kleines Kind weiß, was es will, und meistens bekommt es auch, was es will. Es setzt sich eben durch. Natürlich oft mit Weinen oder Schreien oder allen möglichen anderen Hilfsmitteln. Aber in der Regel erreicht das Kind sein Ziel. Und warum haben wir Erwachsenen diese Eigenschaft nicht beibehalten? Ganz einfach, im Laufe der Zeit haben uns Eltern, Lehrer und unser sonstiges Umfeld auf verschiedenste Art und Weise beigebracht, dass wir nicht alles bekommen, was wir wollen. Schon gar nicht mit Geschrei. Wir haben, manchmal leichter, manchmal schwerer, etwas gelernt, was uns besser niemals vermittelt worden wäre: Wir haben gelernt, aufzugeben. Wir Erwachsenen haben also unser wichtigstes angeborenes Talent verlernt, nur um im Leben aufgeben zu lernen? Verrückt, nicht wahr? Haben Sie die Feststellung: „Du kannst nicht immer alles haben, was du willst!" schon einmal aus dieser Perspektive betrachtet? Wahrscheinlich nicht. Denn sonst hätten Sie sich schon viel öfter durchgesetzt, sonst hätten Sie darauf beharrt, dies oder jenes zu bekommen. Weil Sie es eben wirklich wollten! Aber zum Umdenken beziehungsweise Umlernen ist es nie zu spät. Holen Sie daher Ihr verdrängtes kindliches Talent „Ich will" so rasch

wie möglich wieder hervor und versuchen Sie es bei Ihren Kindern, falls Sie welche haben, unbedingt zu fördern und zu unterstützen. Denn Sieger haben nun einmal einen besonders ausgeprägten Willen. Wenn Sie aber schon bei Ihrem Kind versuchen, diesen Willen zu brechen oder ihn zumindest immer wieder einzuschränken, nehmen Sie Ihrem Sohn oder Ihrer Tochter die Chance, jemals aufs Siegerpodest zu steigen, entweder ganz oder sie verringern diese erheblich.
Betrachten wir doch einmal die Sieger – Menschen, die das bekommen, was sie wollen. Natürlich zählen auch jene dazu, die einfach mehr Glück haben als die anderen. Aber glauben Sie, dass ein Skifahrer beispielsweise immer nur siegt, weil er mehr Glück als die anderen hat? Ich gehe davon aus, dass Sieger mitunter Glück haben, weil sie hart an sich arbeiten. Permanent, mit Fleiß und Ausdauer, von Sieg zu Sieg. Und genau deswegen haben sie auch das Glück auf ihrer Seite. Und eines Tages sind sie so perfekt, dass sie das ganz große Glückslos ziehen. Nicht, weil sie sich auf ihr Glück verließen, sondern weil sie das Glück selbst in die Hand nahmen.
Eine dieser Sieger-Persönlichkeiten ist Sharon Stone. Die Buchautorin Kate White beschreibt sie als eine Frau, die die „Ich will"-Technik meisterhaft beherrscht. Auf ihrem Weg zur Feier der Academy Awards 1996 soll sie zu einer Freundin gesagt haben: „Ich glaube, ich habe viel weniger Talent als Mut. Mit Ausdauer und harter Arbeit habe ich aber das Beste aus dem bisschen Talent gemacht."

**Die „Ich will"-Gebote**

1. Überlegen Sie genau, welches Ziel Sie unbedingt erreichen wollen.
2. Setzen Sie die Schritte für dieses Ziel.
3. Wiederholen Sie klar und deutlich: „Ich will."
4. Nehmen Sie sich an den starken Siegertypen ein Beispiel und lernen Sie aus deren Karrieren.
5. Stärken Sie Ihr Selbstvertrauen und Ihr Selbstbewusstsein.
6. Arbeiten Sie an Ihrem Ehrgeiz.
7. Betrachten Sie Rückschläge in Ihrer „Ich will"-Phase als Ergebnis der „Trial and error"-Methode (siehe Kapitel 7) – als

Lerneffekt und somit als große Chance, an Ihr Ziel zu gelangen.

8. Üben Sie sich in Ausdauer.
9. Lassen Sie sich durch nichts und niemanden von Ihrem großen Ziel abbringen.
10. Genießen Sie Ihren Weg zum Ziel, freuen und beschenken Sie sich.

**Menschen, die genau wissen, was sie wollen, und den Weg dorthin konsequent gehen, erreichen bestimmt ihr Ziel!**

## AUSDAUER UND FLEISS – DIE „MOUSEBOX"

Erfolg ist auch immer wieder eine Frage der Ausdauer. Weitaus mehr Menschen könnten heute an ihrem Ziel angelangt sein, wenn sie noch zwei, drei weitere Monate durchgehalten hätten. Sie übersehen oder ignorieren, dass die meisten erfolgreichen Menschen ihren Erfolg bestimmt auch ihrer Ausdauer verdanken. Nehmen wir Bill Gates als Musterbeispiel für Ausdauer. 1975 fing Bill Gates gemeinsam mit seinem Freund Paul Allen an, eine bahnbrechende Software zu entwickeln. Schließlich versuchten die beiden, ihr Produkt bei Computerherstellern unterzubringen. Doch wenn Sie glauben, dass die zwei damit rasch erfolgreich waren, liegen Sie falsch. Jahrelang mussten Gates und Allen die Klinken der großen Computerhersteller putzen, ehe ihnen der wahre Durchbruch gelang. 1981 nämlich, als sie von IBM den Großauftrag bekamen, ein PC-Betriebssystem zu entwickeln. Der Rest ist Geschichte. Faszinierende Geschichte. Denn irgendwann übertrumpfte Microsoft sogar den Riesen IBM. Damit Sie sich ein wenig vorstellen können, um welche Dimensionen es sich dabei handelt, hier ein paar Daten: 1986 betrug der Marktwert von Microsoft 970 Millionen Dollar – bei einem Umsatz von 198 Millionen und einem Gewinn von 39 Millionen Dollar. 1999 liegt der Marktwert von Microsoft bei ungefähr 430 Milliarden Dollar, der zu erwartende Umsatz bei 18,5 Milliarden und

der zu erwartende Gewinn bei zirka 7 Milliarden Dollar. Sie sehen, aller Anfang ist schwer, aber es kommt der Moment, ab dem es zügig aufwärts geht.
Ich weiß, es ist manchmal verdammt schwer, beharrlich und ausdauernd zu sein, besonders dann, wenn man schon zig Versuche hinter sich hat. Aber wie sagt schon der Volksmund? Beharrlichkeit führt zum Ziel.
Das Prinzip der Ausdauer wurde sogar wissenschaftlich untersucht. Man hat 100 Mäuse in eine Box gesperrt. Die Mäuse mussten darin immer höher werdende Hindernisse überwinden, um an den duftenden Käse zu gelangen. Alle Nagetiere schafften die erste Hürde, der Großteil auch noch die zweite. Nur wenige Mäuse hingegen kamen über das achte Hindernis hinaus und die beiden letzten gaben nach der neunten Barriere auf. Keine einzige Maus hielt bis zum Käse hinter der zehnten Hürde durch.
In diesem Fall waren jene Tiere am vernünftigsten, die schon nach dem ersten Hindernis resignierten, weil sie sich am wenigsten anstrengten. Am dümmsten hingegen waren die beiden Nager, die sich mit steigender Anstrengung bis zum neunten Feld vorkämpften und den Käse trotzdem nicht erreichten – weil sie zu früh aufgaben.
Was lernen wir daraus? Hätte eine der Mäuse auch das letzte Hindernis überwunden, hätte sie den Käse allein genießen können. Auf das Geschäftsleben übertragen bedeutet dies, dass viele Menschen einfach nicht lange genug durchhalten. Auch mir ist das passiert. Wenn es um größere finanzielle Verluste ging, wurde ich allerdings gelegentlich von den Banken zum Aufgeben gezwungen.
Leider gibt es keine Faustregel für die Dauer des nötigen Durchhaltevermögens. Ich habe mich mittlerweile zu folgender Strategie entschlossen: Wenn das Konzept sehr gut ist und absolute Marktchancen hat, im Moment aber nicht aufgeht, bin ich bereit, es über mehrere Jahre durchzuziehen. Ich habe nämlich festgestellt, dass gerade sensationelle Konzepte, die große Veränderungen auslösen, am Anfang immer extrem schwer auf dem Markt durchzusetzen sind. Ich berechne also vorab die zu erzielenden möglichen Gewinne und den jährlichen Aufwand – Zahlen, die natürlich von Anfang an in einem bestimmten Verhältnis

zueinander stehen müssen. Bei allen Konzepten erstelle ich eine Kalkulation, die sich teilweise über zehn Jahre erstreckt. Wenn die Kosten im richtigen Verhältnis zum erwarteten Ertrag stehen, ziehe ich das Konzept durch und freue mich, wenn der Erfolg früher eintritt. Was ich damit bezwecke? Wenn ich die Sicherheitsfaktoren sehr hoch ansetze, mir also einen großen Sicherheitspolster anlege, erhalte ich immer ein positives Ergebnis. Logische Folgerung: **Projekte, die bereits nach kurzer Zeit erfolgreich sein müssten, um sich zu rechnen, sind abzulehnen.** Denn zwei Gründe sprechen dagegen – Zwang und Zeitfaktor. In den vergangenen 20 Jahren konnte ich Folgendes feststellen: Alle Unternehmer und großen Beratungsgesellschaften zeichnen Umsatzkurven immer als linear ansteigende Geraden, die sie aber niemals sind.

**Ausdauer ist ein wesentlicher Schlüssel zum Erfolg!**

## WENN AUSDAUER UND GELASSENHEIT BESONDERS NOTWENDIG SIND – KEINE ANGST VOR EINBRÜCHEN

Meine ersten Erfahrungen in puncto Ausdauer machte ich 1980 während meines Management-Trainee-Programmes bei McDonald's am Schwarzenbergplatz in Wien. In der Anfangs-Erfolgsphase von McDonald's in Wien sackten die Umsätze um bis zu 60 Prozent ein. Was bei mir damals fast eine Panikreaktion auslöste, wurde vom McDonald's-Management relativ gelassen kommentiert: die Erfahrung bestätige, dass nach großen Anfangsumsätzen regelmäßig der große Einbruch folge – in jedem Land. Also wurde rein gar nichts am Konzept verändert. Und meine Idee, vielleicht doch bestimmte Essensgewohnheiten, speziell die des Wieners, zu berücksichtigen, wurde verworfen. Der Kommentar des Managements: Nach einer gewissen Einbruchsphase ist der Umsatz bisher noch immer konstant angestiegen, bis er eines Tages den Höhepunkt der Anfangsphase sogar überschreitet.

Seit dieser Zeit zeichne ich Umsatzkurven stets in einer S-Form, das heißt, ein steiler Anstieg zu Beginn, dann ein extremer Absturz und schließlich ein neuerlicher langsamer Anstieg. Eines ist mir bis heute leider noch nicht gelungen, nämlich den Zeitpunkt zu berechnen, zu dem der Anfangserfolg einknickt. Ich kann aber heute den restlichen Kurvenverlauf berechnen, und zwar wie folgt: **Der Zeitpunkt zwischen Eröffnung und Höhepunkt beziehungsweise dem dann beginnenden Abstieg mal drei entspricht der Phase des Einbruchs.** Das heißt, sollten zwischen Eröffnung und Höhepunkt drei Monate liegen, durchläuft man mindestens neun Monate des absoluten Einbruchs, bis man wieder auf der Höhe des Anfangserfolges steht. Der große Fehler vieler Unternehmer liegt nun darin, dass sie panisch werden, das Konzept verändern und dem ursprünglichen Gedanken nicht mehr treu bleiben. Wenn aber Konzepte gut durchdacht sind, müssen sie entsprechend ihrem Masterplan ganz konsequent und ruhig auch durch diese Phase gezogen werden.
Weiters habe ich gelernt, dass es sinnvoll ist, diese Negativkurve besonders krass darzustellen, damit Finanziers oder Banker dann nicht überrascht sind, sondern sich oftmals sogar besonders freuen, wenn sich die Kurve früher nach oben wendet als erwartet. Eines weiß ich nämlich ebenfalls aus eigener Erfahrung: Hätte ich seinerzeit, während meines Ausfluges in die Modebranche, meinen Bankern diese Negativphase richtig geschildert, hätte ich es wahrscheinlich geschafft. Tatsächlich hatte ich im letzten Jahr des Bestehens meiner Modefirma bereits den ersten Lizenzvertrag abgeschlossen und stand für weitere Verträge in Verhandlung. Und schon damals wusste ich, dass man in der Haute Couture nur mit Lizenzen Geschäfte machen kann. Die Haute Couture selbst dient lediglich der Stützung des Namens und kostet viel Geld. Später erst erfuhr ich, dass auch Modestars wie Karl Lagerfeld oder andere bekannte Designer sehr viel in ihre Haute-Couture-Linien investieren, das Geschäft aber mit ihren Billiglinien und vor allem mit der Lizenzvergabe machen.

**Scheinbare Misserfolge und Einbrüche am Beginn eines Projektes dürfen Sie nicht nervös machen!**

## VERSCHWEIGEN SIE SCHWIERIGKEITEN NICHT

Und noch ein Rat für Manager, aber wahrscheinlich auch für jeden anderen denkenden Menschen: **Überzeugen Sie wichtige Personen Ihres Umfeldes von Ihrem Konzept genauso wie von den damit verbundenen Schwierigkeiten.** Integrieren Sie unbedingt Ihre Familie und machen Sie diese darauf aufmerksam, dass das neue Unternehmen gewisse persönliche Einschränkungen im Leben, sei es zeitlicher oder finanzieller Art, und viel Verständnis fordert. Am besten schildern Sie Ihren Familienmitgliedern oder besonders nahe stehenden Personen die Situation weitaus schlimmer, als sie sich in Wirklichkeit präsentieren wird. Natürlich müssen Sie auch Ihrer Unternehmensleitung oder Ihrem Vorgesetzten Ihr gesamtes Konzept nach dem gleichen Schema erklären. Wichtig ist es, sich möglichst breit abzusichern, damit Sie Ihren Bewegungsspielraum wahren. Bei blankem Optimismus wären die Erwartungshaltungen Ihrer Umwelt viel zu hoch, der auf Ihnen lastende Erfolgsdruck könnte unerträglich und die Zeitvorgabe zu knapp werden. Nichts wird für einen Manager schädlicher sein als eine Familie, engste Berater oder Freunde, die ihm in der Phase des Absturzes in den Rücken fallen oder nervös reagieren.

**Über Schwierigkeiten darf man ruhig sprechen!**

Kapitel 4

# DENKEN SIE POSITIV!

## POSITIVES DENKEN

Beim positiven Denken verhält es sich wie bei allem im Leben – es reicht nicht aus, nur darüber zu reden. Das wäre auch zu schön und zu einfach. Dennoch sprechen die Menschen ständig davon, ich möchte fast sagen, es ist eines der gängigsten Mottos der neunziger Jahre. Verbal, wohlgemerkt, denn es entspricht dem Zeitgeist. „Think positive", einer der vielen Slogans, die aus den USA kommen – aber dort halten sich die Menschen auch daran. Amerikaner sind in der Regel nur schwer zu erschüttern, alles ist „easy" und „nice". „No problem – piece of a cake!" Das klingt gut und tut gut – all jenen Menschen, die danach leben.
Well, so habe ich das Leben in den Staaten kennen gelernt – im Management, im Business und in der Liebe. Also habe ich mir in den vergangenen 20 Jahren den „American way of life" angewöhnt. Als Österreicher, der sich die meiste Zeit im Ausland aufhält. Und jedes Mal, wenn ich in meine ursprüngliche Heimat zurückkomme, stimmt es mich mehr als nachdenklich, wie negativ hier viele Menschen an alles, wirklich alles im Leben, herangehen. Gehören Sie auch zu den Missmutigen, Griesgrämigen, ewig Unzufriedenen, die immer schlecht gelaunt sind und zunächst einmal zu allem nein sagen? Oder sind Sie die rühmliche Ausnahme, die die Regel bestätigt? Wahrscheinlich liegen Sie irgendwo in der Mitte, sonst hätten Sie mein Buch nicht gekauft. Jedenfalls sollten Sie ab sofort Mitglied in meinem Club „Alles ist möglich" werden. Grundbedingung für Ihre Mitgliedschaft: Sie müssen fest an etwas glauben, damit es eintritt – auch an den Erfolg. Und Sie müssen diesen Glauben leben, damit sich der Erfolg einstellt.
Eine meiner interessantesten Begegnungen im Leben war die

mit meinem Soziologieprofessor an der Universität Innsbruck, Julius Morel, der mich mit seiner so unglaublich positiven Ausstrahlung, die auf ein besonders ausgeglichenes Leben schließen ließ, vor 28 Jahren so sehr beeindruckte und faszinierte, dass diese Begegnung mein Leben maßgeblich verändern sollte. Er war es dann auch, der aufgrund seiner Lebenseinstellung die Fehler meines Lateinprofessors wieder halbwegs korrigierte und mich von der Drill-Erfolgs-Philosophie meines Vaters entfernte, welcher auch heute noch der Meinung ist, Erfolg müsse man sich schwer erarbeiten. Du lieber Gott, was heißt denn schwer erarbeiten? Was für eine Philosophie der Schwere! Dieser freundliche Mann, der da im Hörsaal vor mir stand, machte mir mit nur wenigen Worten klar, dass es auch anders möglich war. Natürlich konnte er die Programmierungen meines Vaters und meines Lateinprofessors nicht mehr ganz auslöschen, aber was wäre nur aus mir geworden, hätte ich diese Vorlesung an der Uni versäumt.
Der Grund für Morels Ausgeglichenheit hatte sicher mit seiner Erziehung als Jesuit zu tun. Das Fundament für seine Lebenseinstellung war also schon in seiner Kindheit von seiner Familie gelegt worden. Dieser Mann gab mir den bedeutendsten Impuls meines Lebens, und die folgende Erfahrung war die wichtigste, die ich im Laufe meines Studiums machte.
Unsere Antwort auf Professor Morels Frage, was wir Studenten wollten und warum wir unsere Sturm-und-Drang-Jahre eigentlich mit einem Studium belasteten, war ganz logisch: Wir versuchten, den von uns oder unseren Eltern angestrebten akademischen Grad zu erreichen. Worauf der Herr Professor auf seine nächste Frage, was denn dafür nötig wäre, sofort selbst nüchtern antwortete: 60 Prozent der Prüfungsfragen müssten positiv beantwortet werden – für ein Genügend. Schließlich gäbe es keinen Dr. Sehr gut oder Dr. Genügend. Dies erschien mir sehr logisch. Was hatten wir aber zu tun, um 60 Prozent zu schaffen? Nun, wir sollten die 100 Prozent des Stoffes eben so gut lernen, dass wir mindestens 60 Prozent beherrschten. Wenn wir aber fest daran glaubten, die Prüfungen zu bestehen, hätten wir bereits 50 Prozent erreicht und müssten nur mehr 10 Prozent des geforderten Lehrstoffes studieren. Faul, wie ich immer schon war, über-

zeugte mich das sofort, und ich habe genau das getan. Ich habe mir jeweils nur 10 Prozent des Stoffes angeeignet und dennoch jede Prüfung bestanden. Nach dem zweiten Versuch wusste ich schon, dass es funktionierte, und nach dem dritten war ich so fest davon überzeugt, dass ich mir gar nicht mehr vorstellen konnte, bei einer Prüfung durchzufallen.
Ich kann mich noch gut an die Mathematik- und Statistik-Diplomprüfung im ersten Studien-Abschnitt erinnern. Während die anderen Kommilitonen wie die Irren paukten – denn diese Prüfung galt damals als eine der schwierigsten und gefürchtetsten – hatte ich das schönste Leben. Ich war entweder mit meinen Freunden unterwegs, widmete mich meiner Malerei oder organisierte eine große Kunstausstellung meiner Bilder und ging daneben noch Ski fahren. Ich musste mich dann nur drei bis vier Tage hinsetzen, um zehn Prozent des Prüfungsstoffes zu lernen, während andere wochenlang büffelten. Ich bestand meine Prüfung, muss aber ganz ehrlich zugeben, dass ich heute nur auf ein zehnprozentiges Statistik- und Mathematik-Wissen stolz sein kann. Aber habe ich bisher mehr gebraucht? Eher nicht! Oder halt, einmal doch! Als ich ein führendes Meinungsforschungsinstitut beriet, wurde ich mit Dingen konfrontiert, die ich hätte wissen müssen, von denen ich aber leider keine Ahnung hatte. Woher auch, diese Materie bewegte sich eben außerhalb meines gelernten Zehn-Prozent-Bereichs, der mich aber dennoch über die erste Runde rettete. Anschließend besorgte ich mir rasch ein Statistik-Fachbuch und lernte die für mich wichtigen Dinge nach. Diesmal, 25 Jahre später, besser und gründlicher. Ich wusste nun ja auch warum, und ich wurde dafür bezahlt. Und mit einer positiven Einstellung geht sowieso alles leichter.
An dieser Stelle fällt mir ein, dass ich auch in Medizin, außer einem kurzen Schnupperkurs auf der Uni, überhaupt keine Ausbildung genossen hatte. Hinzu kam noch, dass ich dank meines begnadeten Lateinprofessors auch von Latein keine Ahnung hatte. Und plötzlich machte ich eine Beratung im Bereich „künstliche Hüftgelenke“. Ich hatte einerseits Meetings mit den führenden Orthopäden dieser Welt und andererseits mit den führenden Herstellern auf dem Gebiet künstlicher Gelenke. Schlichtweg alles Profis. Also kaufte ich mir wieder die nötigen Bücher – und

stellte mit Entsetzen fest, dass sie vor lateinischen Ausdrücken nur so strotzten. Trotzdem stand für mich sofort fest: Ich werde mich keine einzige Minute mit Latein abquälen! Lieber verzichte ich auf mein Honorar! Und siehe da, es klappte auch ohne Latein, und ich hielt auf wichtigen Meetings von hervorragenden Fachleuten meine Vorträge. Ich kann mich nicht daran erinnern, einen inkompetenten Eindruck gemacht zu haben. Ich hatte einfach an mich geglaubt, mich ein bisschen eingelesen und es funktionierte genauso wie seinerzeit auf der Universität. Dort hatte ich meine Diplomprüfung recht bequem geschafft. Trotz eines großen Fehlers – doch Fehler sind ja nichts Negatives, sondern nur eine weitere Stufe zum Erfolg. Vor meiner vorletzten großen Prüfung, in Volkswirtschaft, habe ich diesen Erfolgsfaktor in Frage gestellt. Ich sagte mir, es kann doch nicht immer so weitergehen, dass ich mit derart geringem Aufwand alle Prüfungen bestehe. Mit so billigen Mitteln kann ich nicht ewig Erfolg haben. Ein erster Zweifel – und schon bekam ich die Rechnung präsentiert. Denn genau zu diesem Zeitpunkt holte mich mein erster großer Misserfolg ein – ich fiel durch. Schließlich hatte ich ja wieder nur 10 Prozent des Stoffes gelernt. Da ich aber nicht mehr an meinen Erfolg glaubte, fehlten mir die restlichen 50 Prozent und mein Prüfungsergebnis war miserabel, ich glaube, ich schaffte nicht einmal 30 Prozent.
Nun musste ich also noch einmal für die Prüfung in Volkswirtschaft und danach für meine Abschlussprüfung lernen – weitaus mehr als bisher, denn ich war ja nicht mehr von mir überzeugt. Ich hatte Angst, und ich wusste, dass ich bis zu diesem Zeitpunkt wirklich sehr wenig für mein Studium getan hatte. Warum musste ich Idiot nur so kurz vor dem Ziel an mir zweifeln? Die harte Aufholjagd und meine Unsicherheit kosteten mich viel Zeit, ja ein zusätzliches Semester. Und was habe ich gebüffelt! Aber wenn ich jetzt darüber nachdenke, muss ich sagen, dass dieser Misserfolg ein Erfolg war, denn ich habe Betriebswirtschaft, heute mein Hauptgebiet und meine Haupteinkommensquelle, gründlich erlernt. Und ich habe die Prüfung nicht nur mit genügendem, sondern mit sehr gutem Erfolg bestanden. Und was bedeutet das für Sie?

**Sollte es Ihnen nicht sofort gelingen, mit nur zehn Prozent**

**Aufwand erfolgreich zu sein, müssen Sie lernen, an sich selbst zu glauben, sich selbst zu vertrauen.** Vertrauen allein reicht jedoch nicht aus, Sie müssen überzeugt davon sein, dass Sie es schaffen. Denken Sie an die „Self-fulfilling prophecy“: „If you believe, you will be successful, you will be successful. If you believe, you will fail, you will fail.“ (Wenn Sie daran glauben, Erfolg zu haben, werden Sie auch erfolgreich sein. Wenn Sie befürchten zu versagen, werden Sie es auch tun.) Solange ich beispielsweise zulasse, dass andere an meinen Fähigkeiten zweifeln, glaube ich selbst noch nicht an meine Erfolgschancen. Dann muss ich mich noch mit ein paar Misserfolgen herumquälen. Ich darf aber nicht arrogant werden, es also nicht so weit treiben, dass mich jede Kritik oder jeder Zweifel von Dritten kalt lässt. Ich höre mir gerne jeden Kommentar an, vielleicht kann ich ja daraus noch etwas lernen, mitunter sogar einmal einen Fehler vermeiden, obwohl man Fehler doch meistens erst selbst machen muss, um daraus zu lernen.

Doch bitte Vorsicht im Umgang mit Kritikern. Achten Sie stets darauf, dass Sie sich nur mit Menschen umgeben, deren Meinung kompetent ist, und vermeiden Sie die Gesellschaft von Menschen, deren negative Gedanken Sie auf Dauer anstecken könnten. Denken Sie nur an einen faulenden Apfel, den Sie in einen Korb mit frischem Obst legen. Es wird gar nicht lange dauern und Sie müssen den gesamten Inhalt des Korbes wegwerfen. Um diesen Vorgang zu beschleunigen, können Sie den Obstkorb in einem feuchtwarmen Raum abstellen.

Ich glaube, es ist sehr wichtig, dass man sich in seinem Umfeld wohl fühlt und sich mit Menschen und Dingen umgibt, die einen motivieren und aufbauen. Sie glauben gar nicht, wie viel Stärke mir mein Umfeld gibt und wie schön es ist, in diesen positiven und gedanklich freien Ländern zu leben. Natürlich ist mir bewusst, dass kein Land perfekt ist, aber es gibt relativ gute Kompromisse. Ich genieße Amerika und die Einstellung der meisten Amerikaner und ich liebe die Freiheit Frankreichs und das damit verbundene Savoir-vivre. Etwas möchte ich nämlich unter keinen Umständen missen: den Sonnenschein, das schöne Licht und die positive Einstellung der Menschen dort. Negativdenkende finden keinen Platz in meinen Häusern, ehrliche und offene Kritiker

schätze ich dagegen sehr als meine Gäste. Ich höre mir gerne ihre kritische Meinung an und versuche sogar, daraus zu lernen. Aber wissen Sie, was ich festgestellt habe und was auch alle meine Freunde bestätigen werden? Ich muss erst alles am eigenen Leib erfahren. Ich muss den Fehler selbst machen und den Misserfolg selbst erleben, um daraus meine eigenen Lehren zu ziehen.
Das kann man ja schon bei kleinen Kindern beobachten. Jede Mutter warnt ihren Sprössling vor dem heißen Herd, trotzdem verbrennt sich jedes Kind mindestens einmal im Leben die Hand daran. Die Mutter kann nur hoffen, dass sich der Nachwuchs nicht einen Topf mit siedendem Wasser über den Körper schüttet und so ein Leben lang entstellt bleibt.
Kinder, die im falschen Sinne verwöhnt werden, haben äußerst geringe Erfolgschancen, wenn sie nicht wenigstens einmal in ihrem Leben gelernt haben, richtig zu kämpfen, wenn sie nicht ein einziges Mal die Chance eines großen Misserfolges hatten.
Anerzogenes Selbstwertgefühl und Selbstvertrauen sind nicht grundsätzlich als Bonus zu betrachten, weil sie ständig neu positioniert, herausgefordert, angekratzt oder gefördert werden. Oft ist gerade das Gegenteil von Vorteil und für den Erfolgsweg förderlich. Kämpfe machen stark, wenn man als Sieger daraus hervorgeht. Verliert man, so reduziert sich das Selbstbewusstsein vorerst einmal, solange man eine Niederlage nicht als Erfahrungschance nützt und positiv verarbeitet. Auf lange Sicht haben jene, die viele Fehlschläge überstehen mussten, mehr Erfolgschancen als alle anderen, denn sie haben einerseits gelernt, Misserfolge zu meistern, und sie lassen sich andererseits nicht vom Erfolg blenden. Sollte eines Tages eine besonders große Niederlage ins Haus stehen, haben solche Menschen die Kraft und Erfahrung, durchzuhalten. Nur erfolgsverwöhnte Menschen könnten von einem Mega-Desaster erdrückt werden.
In diesem Zusammenhang danke ich meiner Mutter, dass sie mein Vertrauen stets untergraben und mir manchmal vorgeworfen hat, ich sei ein Versager. Das hat mir erst die Kraft gegeben, so erfolgreich zu werden. Ich musste immer wieder beweisen, dass ich besser bin. Ich wurde zu Hause nicht immer gefördert, meine Mutter war ein guter Sparringspartner, mein Vater hingegen stellte permanent höchste Erwartungen an mich.

Wie schon gesagt, positiv zu denken ist eine Eigenschaft, die nicht überall auf der Welt gleich stark praktiziert wird, sondern von Kultur zu Kultur unterschiedlich gehandhabt wird. Leider gibt es Länder, in denen die Negativ-Haltung besonders stark ausgeprägt ist, während andere Völker in Fehlern etwas Positives sehen.
Warum, glauben Sie, lebe ich so gerne in Amerika? Dort ist alles möglich, oder sagen wir, fast alles geht! Und man denkt dort nicht nur so, man lebt auch dementsprechend. Es gibt aber auch Länder, in denen Neid und die Einstellung „Es geht nicht!" besonders stark ausgeprägt sind. In Europa steht man sich vor allem in Deutschland, Österreich und der Schweiz mit solchen negativen Elementen selbst gern im Wege. Dennoch sind auch hier Unterschiede festzustellen. Die Schweizer stellen zwar erst einmal alles in Frage und betrachten die Sache eher ketzerisch, doch dann klemmen sie sich oft mit einer recht positiven Einstellung dahinter und das Konzept geht meistens auf. Bei den Deutschen ist der Neidfaktor schon stärker ausgeprägt, letztlich schlagen sie aber doch den Erfolgsweg ein und verfolgen ihn dann auch sehr konsequent. In Österreich geht etwas nun einmal prinzipiell nicht, und sollte es dennoch möglich scheinen, wird hart daran gearbeitet, zu beweisen, dass es doch nicht funktionieren kann. Außerdem beginnt der Österreicher fast jeden Satz mit: „Da haben wir ein Problem" oder „Das ist ein Problem." Er sieht grundsätzlich keine Chance oder Möglichkeit, neue Ideen zu realisieren. Typisch für den Österreicher ist auch die Aussage: „Da müssen wir uns einmal zusammensetzen!" Vielleicht hat das nur mit der so genannten Kaffeehaus-Mentalität zu tun, jedenfalls wird gerne alles zerredet. Ich bin auch fest davon überzeugt, dass sich Sigmund Freud nur in einem einzigen Land entfalten konnte, nämlich in Österreich.
Andererseits faszinieren mich die Österreicher. Wenn ich überlege, wie viele Patente, wie viele Erfindungen weltweit auf dieses kleine Volk zurückzuführen sind, wie viele erfolgreiche Auslands-Österreicher überall auf der Welt in wichtigen Positionen sitzen, dann ist das Verhältnis zur Zahl der Bevölkerung beeindruckend. Natürlich drängt sich einem da die Frage auf, woran das liegt. Eines ist sicher: Die österreichische Schulausbildung ist, nicht nur im Vergleich zu Amerika, sondern auch zu vielen

europäischen Ländern, exzellent. Vielleicht liegt der Vorteil dieses Volkes aber auch in der Vermischung so vieler verschiedener Nationalitäten – ein Phänomen, wie wir es etwa auch vom Melting-pot New York kennen –, vielleicht ist in diesem Gemisch die Grundlage für so viele positive Gene zu vermuten. Oder aber Erfolg wird in Österreich derartig verhindert, dass die wirklich Tüchtigen ihre Heimat schließlich verlassen, um sich anderswo durchzusetzen. Vielleich sind also so viele Österreicher in erfolgreichen Positionen im Ausland anzutreffen, weil ihr Vaterland wie kein anderes seine fähigen Köpfe vertreibt. Was meinen Sie? Gehören Sie zu denjenigen, die ein Lied davon singen können?
Mein Lied hört sich jedenfalls folgendermaßen an: Ich hatte relativ wenig österreichische Freunde, weil ich immer zu vermeiden versuchte, negativ denkende Menschen um mich zu haben, aus der Angst heraus, sie würden mich anstecken. Während meiner gesamten Studienzeit konnte ich mich mit keinem einzigen Kollegen aus meiner Heimat anfreunden. Kurzfristige anschließende Versuche überzeugten mich sehr bald, dass dies nicht mein Weg für die Zukunft sein konnte. Als ich dann Freundschaften und Beziehungen in den USA kennen lernte, fand ich heraus, dass sie oft, wenn auch nicht immer, ziemlich oberflächlich sind, die Hilfsbereitschaft aber manchmal viel größer ist als in Europa. Jedenfalls wurde mir klar, dass ich frei denkende Länder und Kulturen suchen musste, um dort zu leben. Keinesfalls durfte ich aber versuchen, Kulturen, Länder oder Freundeskreise zu verändern, denn das ist nicht machbar. Ich schlug also meine Zelte dort auf, wo es für mich stimmte.
Mein Rat an alle aufstrebenden Österreicher: Bleiben Sie für einige Zeit in diesem Land, um kämpfen zu lernen und sich gegen Widerstände durchzusetzen. Sobald Sie aber der Meinung sind, dass Ihr Durchsetzungsvermögen und Ihre Widerstandskraft groß genug sind, verlassen Sie Ihre Heimat und konzentrieren Sie sich in einem Land auf Ihren Erfolgsweg, wo die Basis dafür gegeben ist, nämlich die Einstellung: „Alles ist möglich!"

**Denken Sie positiv und setzen Sie Ihre positive Einstellung auch durch!**

## DAS GEHEIMNIS DER POSITIV-SPIRALE UND DIE GEFAHREN DER NEGATIV-SPIRALE

Zwanzig Jahre nach Beendigung meines Studiums, das mir als einzige wirklich segensreiche Erkenntnis das „Positive Denken" einbrachte, stellte ich während intensiver Gespräche mit meinem damaligen US-Partner fest, dass sein Onkel der Entdecker der Positiv-Spirale war. Was mich sofort veranlasste, meine Diskussionen mit ihm noch zu vertiefen.

### Was ist die Positiv-Spirale?

Wenn ich fest daran glaube, dass ich etwas zustande bringe, dann schaffe ich es auch. Die gewonnene Selbstbestätigung gibt mir ein Gefühl der Sicherheit. Und dieses Sicherheitsgefühl wiederum ermöglicht es mir, noch größere Ziele zu erreichen. So dreht sich die Spirale immer schneller nach oben, Erfolge werden realistisch, die ich mir auf der ersten Stufe nicht einmal hätte träumen lassen.
Genau aus diesem Grunde setze ich bei Reorganisations-Maßnahmen die zu erzielenden Betriebsergebnisse, besonders die Produktivität, so fest, dass die ersten Zahlen von den Mitarbeitern schnell erreicht werden können, obwohl sie über ihren bisherigen Werten liegen. Mit dem Erreichen des ersten Ergebnisses tritt die Positiv-Spirale in Kraft. Schau an, wir können es ja, es ist ja tatsächlich möglich, die neuen, deutlich höheren Werte zu erzielen. Im Zuge der Erlebnis-Spirale bewegen sich nun diese Ergebnisse ständig nach oben. Bei einem Projekt eines meiner Kunden in Hamburg hatte ich den Fehler gemacht, den Mitarbeitern gleich zu Beginn meine Zahlen der oberen Ebene der Positiv-Spirale mitzuteilen. Es handelte sich um eine Produktivität von einer Million Mark, bei einem üblichen Branchendurchschnitt von unter 180.000 Mark in Deutschland. Das war unvernünftig von mir. Ich wurde nämlich unglaubwürdig und man konnte sich auch gar nicht vorstellen, dass so etwas machbar ist. Also habe ich aus diesem Misserfolg gelernt und mit meinem Kunden den Weg der kleinen Schritte begonnen. Heute weiß jeder Mitarbeiter, dass ich mir 700.000 Mark Produktivität erwarte, und wir sind auch schon auf dem besten Weg dorthin. So viel für

alle Mitarbeiter meines Hamburger Kunden, die dieses Buch lesen. Ich habe meine Million immer noch im Auge, und demnächst werden auch alle daran glauben, denn sie haben im dritten Jahr unserer Zusammenarbeit ja bereits selbst die Erfolgsergebnisse der Positiv-Spirale kennen gelernt.
Das beantwortet auch die Frage, warum reiche Menschen immer reicher und erfolgreiche Menschen noch erfolgreicher werden. Dieser Umstand hat einzig und allein mit der Positiv-Spirale zu tun. Geld fließt immer wieder Geld zu. Das große Geheimnis daran ist, dass reiche Menschen dem großen Geld nicht mehr so verbissen nachjagen wie so viele andere. Erfolgreiche Menschen glauben einfach an sich und an das, was sie tun. Dadurch werden sie selbstsicherer in ihrem Auftreten und in ihrer Körpersprache und sie übertragen diese Verhaltensweisen auch auf ihr Umfeld. Ihre Einstellung und die damit verbundene Ausstrahlung werden von ihren Mitmenschen reflektiert, deren positive Haltung ihren ursprünglichen Glauben an die Sache und an sich selbst bestätigt. Und mit zunehmender Bestätigung von außen wird die geistige Haltung zur Realität.
Sehen Sie nun, was eine positive Einstellung alles möglich macht? Ihnen gelingen plötzlich Dinge, die Sie früher niemals zustande gebracht hätten. Sie gewinnen an Selbstbewusstsein und mit jedem positiven Erlebnis werden Sie als Person stärker. Eine tolle Erfindung des Geistes. Es ist doch alles so einfach. Es bedarf nur dieser positiven Betrachtungsweise, der Einstellung „Ich kann es, ich bin der Beste“, und siehe da, es funktioniert auch bei Ihnen. Wenn Sie nur fest genug daran glauben, dass Sie in dem, was Sie tun, der Beste sein können, werden Sie eines Tages auch der Beste sein. Erfolg liebt nun einmal Erfolg, und wer Erfolg hat, auf den kommt Erfolg zu. Aber bitte, laufen Sie dem Erfolg niemals nach.
Ganz ähnlich verhält es sich auch bei Frauen. Wenn Sie einer schönen Frau zu sehr nachlaufen, wird sie Ihnen die kalte Schulter zeigen. Natürlich sollte sie wissen, wie gut Sie sind und dass Sie an ihr interessiert sind, aber sie sollte von sich aus auf Sie zukommen, dann werden Sie höchstwahrscheinlich bei ihr landen. Sobald Sie sich aber richtig verlieben, sind Sie der Angebeteten ausgeliefert und damit sind Ihre Erfolgschancen womög-

lich dahin. Jedesmal, wenn ich einem Projekt oder einer Frau zu sehr verfallen war, habe ich Fehler gemacht.
Logischerweise fällt es mir jetzt nicht ganz leicht, meinen Leserinnen den passenden Rat zu geben. Als Mann befinde ich mich nämlich in einer Art Gewissenskonflikt. Doch wenn ich ganz ehrlich bin, kommt nur eine Empfehlung in Frage, denn was für Männer richtig ist, kann für Frauen nicht falsch sein. Lassen Sie es niemals so weit kommen – auch wenn Ihre Liebe noch so groß ist –, dass Sie Ihrem Partner ausgeliefert sind. Nur eine Beziehung mit gleichen Rechten und Pflichten wird auf Dauer die größten Erfolgschancen haben.
Wenn bei Ihnen Liebe und Privatleben an erster Stelle stehen, sollten Sie auf jeden Fall mit größeren Konflikten rechnen als Lonesome Cowboys.
Bei mir klopfte jedes Mal dann der Misserfolg an, wenn ich auf dem besten Weg dazu war, erfolgssüchtig zu werden, weil ich so vehement in den Erfolg verliebt war. Solange wir dem „Great Success" krampfhaft nachlaufen, wird er immer schneller sein als wir und unerreichbar bleiben. Ein Phänomen, das sich wirklich auf alle Bereiche des Lebens übertragen lässt – auf Geld, auf Erfolg, auf Frauen, einfach auf alles. Und die Quintessenz daraus? **Gehen Sie die Sache nicht unter starkem Druck an, denn Druck erzeugt Gegendruck. Wer unbedingt Erfolg haben muss, wird ihn nicht erreichen.** Wer aber mit Geduld, Ausdauer und gewissen Tricks an die Arbeit geht, wird früher oder später erfolgreich sein.

### Wie kommt die Negativ-Spirale in Gang?

Das gegenteilige Beispiel ist die Negativ-Spirale, meistens ausgelöst durch Menschen, die sagen, „Du kannst das nicht!" Solche Negativstrahlungen kommen aus dem Umfeld, zu dem das Zuhause genauso zählt wie der Arbeitsplatz oder der Freundeskreis. Als Erfolgsmensch müssen Sie die Negativ-Spirale Ihres Umfeldes ignorieren. Das ist das Geheimnis.
Glauben Sie mir, kein Mensch wird mit einer negativen Einstellung geboren. Ein Kind kennt die Negativ-Spirale noch gar nicht, Kinder sind frei davon. Für sie ist alles schön und alles machbar. Aber für uns Erwachsene sind das nichts als kindliche Träume.

Doch was könnten wir für unsere Kinder Besseres tun, als sie möglichst nicht mit dieser zerstörerischen Negativ-Spirale zu konfrontieren. Was führt einen Menschen denn auf diese Spirale? Natürlich sind es die ersten Misserfolge. Aber warum? Weil er diese Misserfolge noch nicht positiv aufarbeiten kann oder will. Und schon kann die Negativ-Spirale Fuß fassen. Es kommt zu weiteren, meist größeren Misserfolgen und die daraus entstehende „Self-fulfilling prophecy" lässt die Negativ-Spirale überproportional hochschnellen.
Nehmen wir einmal ein ganz einfaches Beispiel. Ich will jetzt gar nicht bei meinem Latein bleiben. Angenommen, Sie glauben, dass Sie schlecht Englisch sprechen, und nun sagt Ihnen jemand, dass Ihr Englisch wirklich nur mittelprächtig, um nicht zu sagen schlecht ist. Jetzt haben Sie endgültig die Bestätigung Ihrer negativen Meinung von außen. Und Sie glauben es jetzt noch viel mehr als früher. Was wird passieren? Sobald Sie einen Engländer treffen, sind Sie nervös und unsicher und sprechen tatsächlich schlechter Englisch, als Sie es eigentlich könnten, sodass Sie dieser kaum noch versteht. Jetzt fehlt nur noch eine in Ihrem Leben besonders wichtige Person, die Ihnen bestätigt, dass Sie eigentlich überhaupt nicht Englisch können. Endlich sind Sie selbst davon überzeugt und lassen es ab sofort bleiben. Es ist so weit. Sie haben so viel Angst und so viele Barrieren aufgebaut, dass Sie nicht mehr Englisch sprechen wollen und es eines Tages auch wirklich nicht mehr können.
„Halt! Stop!", müssten Sie jetzt rufen. „Wie konnte ich so etwas zulassen? Wenn ich die Sache genau umgekehrt angegangen wäre – also mit der Positiv-Spirale –, könnte ich heute perfekt Englisch. Was ist da nur passiert?" Sehen Sie jetzt, wie schnell so etwas gehen kann? Ursprünglich hatten Sie nur gedacht, dass Sie nicht sehr gut in Englisch sind, doch allmählich nahm dieser Glaube Realität an und schließlich konnten Sie gar nichts mehr. Alles nur Ergebnisse der geistigen Negativ-Spirale, die durch eigene Zweifel ausgelöst und durch die Bestätigung Dritter verstärkt wurde.
Sie wissen genau, was ich meine. Stimmt's? Es gibt eben Dinge, die muss man nicht erklären. Doch ab heute gilt für Sie Folgendes: Bauen Sie alle bereits bestehenden Negativ-Spiralen ab und

geben Sie neuen erst gar keine Chance. Haben Sie mehr Selbstvertrauen und springen Sie auf die geistige Positiv-Spirale auf, selbst wenn im ersten Moment alles ziemlich schlecht aussieht. Wenn ich alle entmutigenden Faktoren, die ständig auf mich einwirken, geschickt pariere und ignoriere, kann mich die Negativ-Spirale niemals erfassen und mich nicht schon auf der ersten Stufe demotivieren, um mich auf der zweiten Stufe tatsächlich zu belasten. Denn wer negative Gedanken auf sich einwirken lässt, wird sehr schnell feststellen, dass sie plötzlich Realität werden. Dadurch bestätigt wachsen das schlechte Gefühl und die Angst, und das Leben wird wirklich mühsamer und beschwerlicher. **Wenn man den Kreislauf nicht rechtzeitig unterbricht, entwickelt sich die Negativ-Spirale wie eine chronische Krankheit, sie wird zur dauerhaften Belastung,** die in unterschiedlichen Wellen, manchmal stärker, manchmal schwächer, immer wieder ausbricht. Untersucht man aber, was diese Negativ-Spirale ausgelöst hat, so war es letztendlich nur ein negativer Gedanke, den zu eliminieren nicht gelungen ist.
Aus diesem Grunde meide ich Menschen, die zu allem nein sagen, um mich nicht ständig gegen ihre negativen Schwingungen wehren zu müssen. Schließlich möchte ich meine Kraft nur auf positive Dinge konzentrieren können. Einmal mit der Negativ-Spirale in Kontakt gekommen, ergreift sie einen wie ein Krake und zieht einen immer mehr in die Tiefe der Unsicherheit.
Nehmen wir folgendes fiktives Beispiel: Ein entlassener Manager im Alter von fünfzig Jahren weiß in seinem Innersten, dass er für seinen Beruf ein schon recht kritisches Alter erreicht hat. Er weiß, dass er für einen Karriereposten eigentlich schon zu alt ist. Seine Entlassung und ein entsprechender Artikel in einem Wirtschaftsmagazin erschweren seine Situation zusätzlich. Wenn er nun bei seiner Bewerbung um den nächsten Manager-Posten mit dieser Einstellung auftritt, wird er feststellen, dass er seine negativen Gedanken in sein Gespräch einbringt. Das wird sein Gegenüber natürlich auch spüren. Auf diese Weise vermindern sich seine sowieso schon reduzierten Erfolgschancen noch mehr. Und das Ergebnis? Natürlich bekommt er die Stelle nicht! Nun hat er also die Bestätigung, dass niemand einen Manager in seinem Alter will – die Negativ-Spirale hat ihn zum ersten Mal erfasst. Wenn

der Fünfzigjährige beim nächsten Gespräch aus diesem Grund noch stärker verunsichert auftritt, wird er mit Garantie wieder versagen. Ab nun baut sich die Spirale rapide auf. Sie führt dazu, dass ihm in wichtigen Führungsetagen plötzlich das Image des Verlierers anhaftet und er seiner neuen Realität nicht mehr entkommt.

Was hätte der Fünfziger in seiner Situation aber tatsächlich tun sollen? Zuerst hätte er die ihn belastenden Negativpunkte logisch analysieren müssen, um sie mit vernünftigen Gegenargumenten zu eliminieren. Danach hätte er die Schwachpunkte in Stärken umwandeln und als solche aufbauen können. So lange, bis die Positiv-Spirale zu wirken begonnen und er wieder an sich geglaubt hätte. Mit einem starken, von seinen Qualitäten überzeugten Auftreten hätte dann auch sein Alter keine entscheidende Rolle bei der Jobvergabe gespielt.

Ich selbst habe solche Situationen sehr oft erlebt, speziell nach Abstürzen, nach denen ich eigentlich hätte sagen können, ich habe keine Chance mehr. Was habe ich damals gemacht? Ich habe mir Zeit genommen, mich zurückgezogen, mich auf meine Stärken konzentriert und sie in einer Weise aufgebaut und präsentiert, dass die andere Seite gar nicht dazu kam, meine sogar in den Medien publizierten Fehler und Niederlagen auszuspielen. Ein ganz wichtiger Faktor bei meiner Vorgangsweise war, dass ich immer offen und angstfrei zu meinen Schwächen stand.

Michael Schumachers wesentlichstes Erfolgskriterium ist seine mentale Überlegenheit, die er sich in vielen Jahren mühsam erarbeitet hat. Seine Einstellung „Ich bin der Beste“ lebt er nicht nur geistig, sondern überträgt sie mittels Körpersprache auch auf seine Gegner und verbreitet somit das Flair des übermächtigen Fahrers. Könnte es sein, dass Schumachers große Aura, nämlich die Positiv-Spirale, bei seinen Gegnern eine Negativ-Spirale, also Angst, auslöst und ihm somit doppelt hilft zu siegen?

Versuchen Sie doch einmal, das Schumi-System zu nützen:

- Sagen Sie sich ruhig, dass Sie gut sind in dem, was Sie machen.
- Sagen Sie es laut und teilen Sie es jedem selbstsicher mit.
- Sobald Sie bewiesen haben, dass Sie etwas besonders gut

können, sagen Sie sich, dass Sie auf diesem Gebiet auch der oder die Beste werden können.

- Sagen Sie es bestimmt und laut, dass Sie dort eines Tages der oder die Beste sein **werden.**
- Glauben Sie fest daran und handeln Sie danach – dann werden Sie irgendwann tatsächlich der oder die Beste sein.

Nun werden vielleicht einige meiner Leser sagen: „Also jetzt wird es mir langsam zu viel. Das ist doch typisch amerikanisch, diese furchtbare Übertreibung und Selbstbeweihräucherung. Das liegt mir nicht und das funktioniert bei uns auch nicht so!" Vorsicht, liebe Leserinnen und Leser. Haben Sie es schon wieder vergessen? Alles ist machbar, wenn man nur will. Aber vielleicht müssen Sie dafür Ihre eigenen Grenzen überschreiten. So wie ich es seinerzeit tat.

Nach dem Flop mit meinen Schweizer Partnern kam ich aus den USA nach Europa zurück. Ich wollte hier neue Kunden für meine Beratungstätigkeit finden und war fest davon überzeugt, dass der Zeitpunkt für Erlebniswelten in Europa der richtige sei. Nun, aber was hatte ich zu bieten? Ich hatte gerade erst einen großen Misserfolg überstanden, hatte jede Menge negative Presse und war alles andere als bekannt und erfolgreich. Mein Kontostand war eher erbärmlich und ich musste mir wirklich alle Unkosten mehr als zweimal überlegen. Trotzdem war ich fest davon überzeugt, einer der Besten auf diesem Gebiet zu sein. Aber warum eigentlich nur einer der Besten, warum nicht gleich der Beste überhaupt? Also erzählte ich bei meinem Neustart in Europa jedem, der es wissen wollte, und auch denen, die es nicht wissen wollten, dass ich der Beste sei. Viele Menschen konnten mit meiner „eingebildeten" Art damals nichts anfangen, manche waren sogar schockiert. Aber das war mir ganz egal. Nur bei den ersten beiden Malen war mir selbst etwas komisch zumute, als ich mich hören sagte: „Ich bin der Beste." Dann machte es mir immer mehr Spaß, und schließlich bestätigten meine diversen Erfolge mein Auftreten und meine Gesinnung. Nun, ob ich heute einer der Besten bin oder nicht, weiß ich nicht so genau. In gewissen Bereichen vielleicht schon. Aber, glauben Sie mir, heute ist mir das auch egal. In der Branche kennt man jedenfalls meine Fähigkeiten, und ich lebe damit. Schön, oder nicht? Das könnten Sie

doch auch einmal probieren. Aber eines muss Ihnen klar sein: Allein zu sagen, dass Sie der Beste sind, genügt nicht. Sie müssen ständig an sich arbeiten, Ihre Leistungen steigern und sich auch entsprechend verhalten. Denn wie bei Michael Schumacher genügte auch bei mir nicht nur das Wunschdenken „Ich bin der Beste“, sondern es war harte, konsequente Arbeit notwendig.
Betrachten Sie doch einmal die Karriere von Michael Schumacher. Als er 1996 zu Ferrari kam, erhielt er ein Auto mit typisch italienischen Qualitäten. Der vielen technischen Ausfälle wegen behaupteten böse Zungen damals sogar, er müsse sich mit einem „rollenden Schrotthaufen“ begnügen. Mit akribischer Arbeit, der festen Überzeugung, gemeinsam mit Ferrari die Nummer eins zu werden, und seinem Drang zur absoluten Performance verwandelte der Perfektionist Schumacher Ferrari in eine Präzisionswerkstatt, um das notwendige technische Tool – nämlich ein perfektes Formel-1-Auto – zu erhalten, das zu seiner Einstellung „Ich bin der Beste“ optimal passte.

**So rüsten Sie sich gegen die Negativ-Spirale**
Es gibt übrigens auch im Umgang mit Tieren interessante Beispiele für die Negativ- beziehungsweise Positiv-Spirale. Ich hatte als Kind extreme Angst vor Hunden, weil ich einmal von einem Schäferhund gebissen worden war. Ich machte oft große Umwege, nur um nicht einem bestimmten Exemplar – Klasse Schäferhund, besonders groß – in einer bestimmten Gasse zu begegnen. Doch auch jeder kleine Kläffer ging auf mich los, so, als ob er gemerkt hätte, dass ich Angst vor dem besten Freund des Menschen hatte. Hunde riechen Angst. Und genauso ist es bei Managern, auch sie wittern Angst und Unsicherheit.
Irgendwann kam jedenfalls die große Wende in meinem „Hunde-Leben“ – ich legte mir einen Cockerspaniel zu, weil ich einfach keine Angst mehr vor Kötern haben wollte. Doch was tat mein kleiner Begleiter? Er stritt sich mit Vorliebe mit Schäferhunden, also genau mit jenen Hunden, vor denen ich am allermeisten Angst hatte. Und da er sich gerade in solchen Fällen immer die schlimmsten Bisswunden zuzog, musste ich ihn verteidigen. Es blieb mir also nichts anderes übrig, als zu lernen, mich regelmäßig dem Kampf mit Schäferhunden zu stellen. Dabei habe ich

mir antrainiert, mental gestärkt gegen meine Angstgegner vorzugehen: „Wenn du nur daran denkst, mir deine Zähne zu zeigen, reiße ich dir dein Gebiss heraus." Irgendwie müssen diese Vierbeiner das gerochen und verstanden haben, weil sie mir von da an aus dem Weg gingen – und es bis heute tun.
Wie wahr ist doch der Satz „Angst essen Seele auf". **Nur wenn man negative Dinge nicht nur ignoriert, sondern auch verarbeitet und ins Gegenteil umwandelt, tritt die Positiv-Spirale in Kraft.** Doch selbst, wenn man sich auf ihr befindet, können noch Situationen eintreten, in denen das Negative plötzlich aus dem Nichts heraus zuschlägt. Daher sollte man permanent gerüstet sein.
Vielleicht noch ein weiteres Beispiel aus meinem Leben, um die Bedeutung der Positiv-Spirale zu betonen. Vor einer wichtigen Verhandlung achte ich bei meinem Outfit bis hin zur Krawatte auf alle Details, die mir persönlich das Gefühl des Erfolges geben. Am liebsten ziehe ich meine so genannten Erfolgs-Kampfanzüge an, mit denen ich schon jede Menge schwere Verhandlungen gewonnen habe, denn darin fühle ich mich schon am Morgen sicher und wie ein Sieger. Und als Sieger komme ich dann am Abend auch nach Hause. Sollte ich mich in manchen Kleidungsstücken aber unsicher fühlen, kann die Zeit gar nicht so knapp sein, dass ich mich nicht noch schnell umziehe und in meine Siegeskleidung schlüpfe. Es ist ganz wichtig, wie wir uns geistig stimulieren, es ist ganz wichtig, woran wir selbst glauben, denn das tritt meistens auch ein – positiv wie negativ.
Negativ-Spiralen können bleibende Schäden hinterlassen, wie ich ebenfalls aus eigener Erfahrung bestätigen kann. Ich bin nämlich mit Sicherheit eines, ich bin technisch total unbegabt. Warum? Erstens wurde mir das in gewisser Weise als Kind eingeredet. Zweitens fand ich das auch recht praktisch, weil meine Eltern ein Hotel hatten, wo es immer sehr viel zu reparieren gab. Dazu hatte ich aber einfach keine Lust. Durch meine Tollpatschigkeit hatte ich schon genügend Dinge kaputtgemacht und das bestätigte allen, dass ich zu solchen Arbeiten nicht taugte und man sich auf diesem Gebiet nichts von mir erwarten konnte. Das schenkte mir damals zwar viel Zeit, der Gedanke, dass ich technisch unfähig sei, prägte sich bei mir aber auch immer tiefer

ein. Mit dem Ergebnis, dass ich heute nicht einmal das Rad meines Autos wechseln oder den Video-Recorder programmieren kann.
Viele Menschen nützen die Negativ-Spirale, um damit einen Konkurrenten ins schlechte Licht zu rücken, das heißt sie versuchen, ihren Rivalen direkt oder indirekt schlecht zu machen, um selbst besser dazustehen. Bei zwei gleich großen Menschen kann nämlich nur dann der eine größer aussehen, wenn er den anderen kleiner macht. Solche Situationen habe ich sogar auf freundschaftlicher Basis erlebt.
Interessanterweise übertragen viele Eltern die Mechanismen der Negativ-Spirale schon auf ihre kleinen Sprösslinge. Kinder verfügen von Geburt an über eine wunderbare Eigenschaft, um die ich sie ehrlich beneide. Und das ist die Frage: Warum ist das so? And who told you? Who told you that the black man will come? Bullshit! He'll never show up! Und was machen die Eltern? Sie reagieren auf die Fehler ihrer Kinder mit den unterschiedlichsten Strafen. Eltern erschrecken ihre Kinder mit der Geschichte vom bösen schwarzen Mann. Gerne drohen sie: „Wenn du das machst, dann wird das und das passieren." Immer der erhobene Zeigefinger mit der zu erwartenden Strafe, anstatt Kindern zu sagen: „Das Leben besteht aus Fehlern, und das Schönste, was euch im Leben passieren kann, ist Fehler machen zu dürfen." Das schönste Gut, das eine Gesellschaft, ein Land, eine Regierung einem Menschen geben kann, ist ihn Fehler machen zu lassen, ohne ihn drastisch dafür zu bestrafen. Daher sollte jeder Mensch immer wieder versuchen, sich in die Welt und das Denken eines Kindes zurückzuversetzen.
Was bedeutet diese Ideologie für Manager in Amerika? Ein Manager in den USA darf alles verlieren, darf sogar in Konkurs gehen, ohne dafür bestraft zu werden. Ich behaupte Folgendes: Wenn ich mit meinen Bekannten zusammensitze und ihnen erzähle, dass ich seit 20 Jahren als Unternehmer tätig bin und noch nie Chapter Eleven (ähnlich unserem Konkursantrag) hatte, werde ich für sie unglaubwürdig. Dann stellen sie sich nämlich zwei Fragen: Ist er noch nicht so weit gewachsen, hat er zu wenig gewagt, um wirklich erfolgreich zu werden, hat er vielleicht überhaupt noch nichts unternommen? Oder aber lügt er? Im Gegen-

satz dazu werde ich in Europa als Kaufmann oder Unternehmer schon nach einem einzigen Konkurs geächtet und bestraft. Nicht nur von den Gesetzen und von Auftraggebern, auch im Freundes-, teilweise sogar im Familienkreis.
Ich bin allerdings für eines sehr dankbar. Als ich seinerzeit meinen stillen Ausgleich, meine erste große negative Erfahrung machen durfte, konnte ich auch deutlich meine wirklichen Freunde erkennen. Und siehe da, dafür bräuchte man kein Telefonbuch, denn die fünf Nummern kann man leicht im Kopf behalten – von hunderten, die man zuvor in seinem Register stehen hatte.
Also, wieder zurück zur Aufgabe der Eltern. Ihr erster Schritt im Umgang mit ihrem Nachwuchs muss sein, ihm beizubringen: „Mache Fehler, mache möglichst viele und mache sie möglichst in jungen Jahren. Denn in der Jugend zugefügte Wunden heilen schneller und du hast die nötige Kraft und den Mut für neue Aufgaben." Ich glaube, trotz all meines positiven Denkens würde ich meinen ersten Konkurs mit sechzig nur kaum, vielleicht sogar gar nicht verkraften. Schon jetzt lasse ich mich also auf keine Verrücktheiten mehr ein, um mir eine solche Situation mit sechzig zu ersparen.
Der zweite Erfolgsfaktor, den Eltern ihrem Nachwuchs beibringen sollten, ist: „Wenn du Fehler machst, steh ganz offen dazu." Denn Verdecken erfordert erstens viel Kraft, zweitens fliegt der Fehler irgendwann sowieso auf und macht drittens unglaubwürdig, sobald er bekannt geworden ist. Bestes Beispiel: Bill Clinton. Hätte er gleich zu Beginn gesagt: „Yes, I did it, but it's a private personal affair and should not be public business", wäre die ganze Angelegenheit erledigt gewesen und er hätte sich sämtliche Unannehmlichkeiten mit dem damit verbundenen Kräfteverbrauch und den immensen Kosten erspart. Und seine Landsleute hätten ihm diesen Fehler bestimmt zugestanden.
In diesem Zusammenhang möchte ich kurz auf die Philosophie in amerikanischen Unternehmen zu sprechen kommen. Sie dürfen jeden Fehler machen, sei er auch noch so groß. Doch dann müssen Sie zu Ihrem Boss gehen und sagen: „I'm very sorry I made this mistake." Gleich die erste Lüge wäre dann allerdings zu versprechen: „It won't happen again." Natürlich versuche ich, diesen Fehler nicht noch einmal zu machen, aber garantieren

kann ich dafür nicht. Mit dieser Einstellung brauche ich mit keinen Lügen oder Geschichten zu leben, die sich eines Tages ohnehin als irreal herausstellen und aufgedeckt werden.
Mein größtes Lieblingsprojekt war jenes in der Türkei, mit dem ich hätte beweisen können, dass ich tatsächlich der Allererste auf dem Gebiet der großen Erlebnis- und Themenwelten wie etwa Rom war. Ich war richtig verliebt in dieses Projekt – wie wir mittlerweile wissen, einer der großen Fehler. Weil man abhängig wird, den Durchblick verliert und schließlich sogar blind wird. Und als Geblendeter laufe ich bereits gezielt auf meine ersten Ausrutschfallen zu. Nicht zuletzt meiner großen Liebe wegen ging das Projekt in der Türkei daneben und brachte mir auch sehr, sehr negative Presse ein. Wie ich Ihnen schon erzählt habe, wurde ich viele Jahre später bei einer Veranstaltung der Thomas-Morus-Akademie in Stuttgart gefragt, was aus meinem Projekt in der Türkei geworden sei. Sieben Jahre waren vergangen und trotzdem hatte man es nicht vergessen. Ich scheute mich natürlich nicht, darauf klipp und klar zu antworten: „Mein Fehler war, dass ich mich nicht gründlich über die Finanzlage informiert hatte. So what?" Diejenigen im Auditorium, die noch nie einen Fehler gemacht hatten, hätte ich gar nicht bewundert, denn es fehlte ihnen etwas Wichtiges im Leben – nämlich aus Erfahrungen lernen zu dürfen.
Hätte ich mich in Lügen oder irgendwelche Geschichten verstrickt, hätte ich von da an permanent damit leben müssen, hätte womöglich immer wieder neue Geschichten erfinden müssen und mich unnötig belastet. So aber war die Sache innerhalb von zwei Minuten erledigt und beendet – für den Rest meines Lebens.
Sollte ein Fehler passiert sein, der sich aber noch nicht hundertprozentig dokumentiert hat, muss ich ihn zuallererst logisch analysieren. Ein kurzes Zurückdenken an mögliche ähnliche Situationen und entsprechende Erfahrungswerte für eine positive Lösung ist auf jeden Fall angebracht. Und dann heißt es einfach anzupacken, wo und wie auch immer. Geht die Sache auf, habe ich die richtige Lösung gefunden, geht sie nicht auf, hatte ich das „Glück", einen Misserfolg zu landen – mit der Garantie, daraus etwas gelernt zu haben. Ich würde niemandem raten, viele Men-

schen aus seinem Umfeld mit Fragen zu bombardieren, weil so mancher der zahlreichen „guten" Ratschläge vielleicht gar nicht positiv gemeint ist, sondern womöglich darauf abzielt, Ihnen noch größeren Schaden zuzufügen. In einem solchen Fall bieten sich mir nur zwei Alternativen an: Ich frage meinen wirklich guten Berater mit entsprechender Erfahrung, auf den ich mich unbedingt verlassen kann. Oder ich bin mein eigener Berater und löse den Fall nach der Devise: „Just do it!" Sobald man aber klar erkennen kann, dass der Aufwand für eine Rettung zu hoch ist, sollte man das Geschäft, Projekt oder was auch immer abschreiben. „Das war's, ich habe mein Geld verloren. Tut mir Leid! Forget it, it was a very nice experience. Let's start again."
Mit dieser Philosophie stehe ich übrigens nicht allein da. Einer der faszinierendsten Manager, Jack Welch von General Electric, befolgte stets eine ganz simple Strategie in seinem Leben: „Solve the problem. If you cannot solve the problem, sell it. And if you cannot sell it, close it. But don't waste your time!" (Lösen Sie das Problem. Wenn Sie es nicht lösen können, verkaufen Sie es – gemeint ist ein Unternehmen. Und wenn Sie es nicht verkaufen können, schließen Sie es – das Unternehmen. Aber verschwenden Sie nicht Ihre Zeit!)
Der große Vorteil der Amerikaner liegt darin, dass sie kein so ausgeprägtes Traditionsverhalten kennen, dass sie sich nicht gebunden fühlen an das, was die Familie sagt oder wie man in der Gesellschaft denkt. Amerikaner sehen alles relativ nüchtern. Zu den größten Gefahren bei europäischen Familien- und Traditionsunternehmen zählt, dass man schließlich nicht aus geschäftlichen Gründen, sondern der Familie, der Tradition wegen letzte Aktivitäten setzt – „Wir können doch nicht einfach zusperren!" Oft wird noch ein bereits unnützer und unlogischer Kraftakt gesetzt, um ein nicht mehr rettbares Unternehmen vor dem Untergang zu bewahren. Eine Situation, die man beispielsweise auch auf die Ehe übertragen kann. Sobald eine eheliche Beziehung möglicherweise nur mehr mit riesigem Aufwand zu kitten ist, aber eigentlich keine vernünftige Basis mehr existiert, sollte man sie besser beenden. Sie wissen schon: Lieber ein Ende mit Schrecken als ein Schrecken ohne Ende.
Wir leben heute in einer Zeit, in der Geschwindigkeit und schnel-

le Entscheidungen besonders wichtig sind. Das Schöne in Amerika ist, dass ich Fehlentscheidungen treffen kann und darf – ohne Bestrafung seitens der Gesellschaft. Natürlich kann ich mich unter solchen Umständen viel leichter und rascher entscheiden, und mich natürlich auch irren. In einer Gesellschaft, von der ich weiß, dass ich überhaupt nur einmal bestraft werde, weil ich anschließend keine zweite Chance mehr bekomme, ist der Angstfaktor verständlicherweise bedeutend größer. Doch nichts ist grässlicher als die Entscheidung eines Managers, der im Grunde Angst hat – ein solcher Schritt kann gar nicht gut gehen.
Wenn einer heute in Europa mit seinem Unternehmen Konkurs macht, darf er als Person gar kein Unternehmen mehr gründen. Für mich völlig unverständlich. Ich lasse doch lieber Menschen, die schon ein- oder zweimal mit ihrer Firma Schiffbruch erlitten haben, ein weiteres Unternehmen gründen, weil ihnen dieser Fehler – aufgrund ihrer Erfahrung – wahrscheinlich nicht noch einmal passiert. Natürlich muss ich zugeben, dass es notorische Gauner gibt. Sie wollen gar nichts dazulernen, sie machen sich den Untergang ihres Betriebes zur Profession – manche aus Profitgier, manche aus Dummheit und der Unfähigkeit, aus ihren Fehlern zu lernen.
Wenn ich bei meinen Vorträgen die Frage stelle, wer im Auditorium schon einmal in Konkurs gegangen ist, bleiben immer alle Hände unten. Ich muss als einziger beide Hände heben, weil ich schon zweimal das Glück hatte. Allerdings sind die Zuhörer dann für mich entweder keine richtigen Unternehmer oder sie lügen. Denn ich glaube nicht, dass es Menschen gibt, die nicht wenigstens einmal in einer derart miserablen finanziellen Lage waren, dass sie befürchten mussten, alles zu verlieren. Warum kann man dazu aber nicht stehen? Schließlich gibt es einem Kraft und Stärke! Und ein Gefühl der Zufriedenheit, etwas bewältigt zu haben, aus einem Manko schließlich ein Plus gemacht zu haben. Ich schöpfe die meiste Power aus meinen Misserfolgen und aus der Tatsache, dass ich stolz dazu stehe und keinen von ihnen missen möchte. Sollte es noch ein paar geben, die ich nicht kenne, würde ich sie mir gerne kaufen. Denn am Ende meines Lebens fände ich es schade, einige wichtige Faktoren, die

vielleicht den Feinschliff für den ganz großen Erfolg bedeutet hätten, nicht kennen gelernt zu haben.

## DIE TAGE, AN DENEN SIE SICH BESONDERS VOR DER NEGATIV-SPIRALE HÜTEN MÜSSEN

Kennen Sie jene Tage, an denen die Negativ-Spirale große Chancen hat zuzuschlagen? Wahrscheinlich schon. Es sind die Tage, an denen Sie schon mit Angst oder Wut oder einfach einem schlechten Gefühl, dem eines Verlierers nämlich, aufwachen. Die gibt es. Und die kennt jeder, davon bin ich überzeugt. Auch ich habe solche Tage. An denen unternehme ich möglichst wenig, wobei mich die Negativ-Spirale ergreifen könnte. Solche Tage genieße ich am Pool oder am Meer, ich gehe mir gerne etwas Schönes kaufen, ich mache mir einfach eine Freude. Solche Tage sind nämlich nicht dazu da, etwas Großes bewegen zu wollen. Wie verhalte ich mich aber, wenn ich für einen solchen „Loser-Day" ein Meeting angesetzt habe und den Termin keinesfalls verschieben kann? Na ja, dann muss ich natürlich das Beste daraus machen. Ich beginne mir schon den Morgen mit ein paar Kleinigkeiten zu verschönen, ich versuche mich zu motivieren, so gut ich kann, und ziehe natürlich meine Erfolgskleidung an. Damit habe ich schon einiges getan, um die drohende Negativ-Spirale zu neutralisieren, manchmal sogar in eine Positiv-Spirale umzukehren. Eines vermeide ich an solchen Tagen jedoch auf jeden Fall: Ich fordere niemanden und nichts heraus, und ich vermeide jedwede Konfrontation oder wichtige Entscheidung.

**Geben Sie der Negativ-Spirale keine Chance mehr!**

Kapitel 5

# WENN ERFOLG BLIND MACHT

## ERFOLG MACHT BLIND

Erfolg führt in gewisser Weise immer zu Blindheit. Schon die alten Römer haben dieses Phänomen und die Gefahren des „blendenden" Erfolgs richtig erkannt. Jeder erfolgreiche römische Feldherr hatte daher bei seinem triumphalen Einzug in Rom einen Sklaven auf seinem Kampfwagen stehen, der seinen Herrscher mit den Worten „Vergiss nicht, dass du sterblich bist" daran erinnerte, dass er die nächste Schlacht auch verlieren könnte. Die fast göttliche Verehrung des Volkes ob seines Erfolges sollte ihn keinesfalls blind machen.
Erfolgreiche Menschen neigen dazu, ihren Erfolg immer öfter vorauszusetzen. Das ist einerseits gut, verleitet aber andererseits dazu, lauernde Gefahren oder drohende Misserfolge zu übersehen. Besonders gefährdet sind junge Menschen. Denken wir nur an Popstars, die oft schon in jungen Jahren Mega-Erfolge feiern und dadurch völlig abheben. Wenn sie nichts anderes kennen, wird ihr erster Flop möglicherweise mit einem extremen Absturz verbunden sein – beruflich wie seelisch. In diesen Fällen ist es Aufgabe der Manager, ihre Künstler auch auf die Schattenseiten des Berufes aufmerksam zu machen, ihnen klarzumachen, dass Erfolg in diesem Geschäft nicht von Dauer ist.
Nur eine verschwindend geringe Anzahl von Popgrößen der letzten 30 Jahre ist heute noch on top. Auch junge Manager wird rascher Erfolg dazu verleiten abzuheben. Daher rate ich gerade ihnen, sich mit sehr kritischen Beratern zu umgeben, die sie auch in Zeiten größter Erfolge auf dem Boden der Realität halten. **Menschen, die in jungen Jahren mit vielen Schwierigkeiten zu kämpfen haben, verfügen meistens über ein extrem starkes Durchsetzungsvermögen, kennen alle Tricks und haben**

**deswegen in späteren Jahren wahrscheinlich bessere Chancen auf Erfolg.** Diese Leute beherrschen die so genannte Ellbogentechnik, ein Privileg, das man speziell erfolgreichen Menschen aus sozial niedrigeren Schichten zuordnet, weil ihnen der Erfolg nicht in die Wiege gelegt wurde. Sie mussten eben für alles kämpfen, sich immer wieder durchsetzen und behaupten. Wer kennt nicht den amerikanischen Traum vom armen Jungen, der vom Tellerwäscher zum Millionär wurde?
Im Gegensatz dazu stehen manche reiche Erben. Mitunter ist es wirklich vernünftiger, dass das Vermögen Stiftungen zugute kommt und nicht vom jeweiligen Nachfahren verwaltet, sprich vergeudet wird. Ich kenne viele von ihnen, in Palm Beach zählt ein Drittel der Bevölkerung zum „Lucky Sperm Club", wie ich ihn gern nenne. Eigentlich tun mir diese Menschen Leid, weil sie keine negativen Erlebnisse, keine Schicksalsschläge kennen, also auch nicht den Unterschied zwischen Kartoffeln und Kaviar. Die meisten sind auch nicht glücklich und fragen mich immer wieder: „Vicky, why are you so happy?"
Interessant ist das Schicksal von Menschen, die schon in jungen Jahren sehr erfolgreich waren. Zum Beispiel Steve Jobs, der nach unglaublichem Start als Vorstandsvorsitzender von Apple aus der Firma gedrängt wurde, dann zusehen musste, wie sein Unternehmen fast vernichtet wurde, und schließlich wieder dorthin zurückkehrte. Oder der Schauspieler John Travolta, der nach 17 Jahren Filmabstinenz plötzlich wieder zum Superstar emporstieg. Nicht weniger interessant ist die Karriere von Eric Clapton, der seine Gefühle sogar in seinem Song „Nobody knows you when you're down & out" deutlich beschreibt. Clapton war schon in den sechziger Jahren ein Megastar, doch Probleme mit Frauen, Alkohol und Drogen ließen ihn für viele Jahre aus der Pop-Szene verschwinden. Wenn man den begnadeten Musiker heute betrachtet, wird man feststellen, dass ihn all seine Schicksalsschläge – dazu gehört auch der Tod seines Sohnes – nur stärker und reifer gemacht haben. Und dass er seinen heutigen Erfolg ganz anders genießt als vor 25 Jahren. Weil er eben auch den Misserfolg kennt. Denken Sie an das Beispiel der Temperaturunterschiede: Ich kann sie nur dann deutlich wahrnehmen, wenn es sich dabei um eiskalt und glühend heiß handelt. Bei in-

differenten Temperaturen um 30 bis 40 Grad werde ich weder heiß noch kalt richtig empfinden. Auch Erfolg wird also erst durch Höhen und Tiefen wunderschön, es verhält sich wie mit den Wellenbergen und Wellentälern beim Surfen. Entscheidend ist nur, dass man die nächste Welle erwischt und mit ihr aufsteigt.

**Höhenflug kommt vor dem Fall.**

## WENN UNTERNEHMEN ERFOLGSBLIND WERDEN

Wenn Unternehmer mit der Umsetzung eines innovativen Konzeptes beginnen, sind sie zunächst extrem agil und achten sorgsam auf Gefahren und Risiken. Werden sie über Jahre hinweg durch permanentes Umsatzwachstum, Erfolg und höhere Marktanteile verwöhnt, ist meist zu beobachten, dass sie zunehmend träge, unflexibel und blind werden. Ich glaube, dass viele Unternehmen, die von hervorragenden Gründern geführt wurden, nur deswegen gescheitert sind, weil sie der Erfolg letztlich blind machte. Oft umgeben sich Manager solcher Unternehmen nur mehr mit Jasagern, die auch in schlechteren Zeiten, in denen man die Krise schon erkennen könnte, den Erfolg der Vergangenheit bestätigen. Warnende Stimmen und Kritiker werden mundtot gemacht, was dazu führt, dass der richtige Zeitpunkt für Sanierungsmaßnahmen versäumt wird. Schocktherapien sind aus diesem Grund sehr gut. Und deshalb sollte sich jeder über einen Misserfolg freuen, auch wenn er zunächst unverständlich und bedrohlich wirkt. Doch nur ein derartiger Schock wird den Unternehmer aus seiner Lethargie reißen.
Norbert Zimmermann, ein erfolgreicher Turn-around-Manager, hat einmal so treffend gesagt: „Wenn es uns zu gut geht und alles so aussieht, als könnte es nie Probleme geben, dann mache ich mir die größten Sorgen." Ein Phänomen, das wir alle zumindest aus der Natur kennen – auf Ruhe folgt Sturm! Oder denken wir an das Sprichwort: „Wenn's dem Esel zu wohl wird, geht er aufs Eis

tanzen." Also gut zu verstehen, dass Zimmermann mit jeder Bilanz, die die bisherigen noch übertrifft, skeptischer wird und sich zunehmend Sorgen macht.

**Fördern Sie kreative Kritiker in Ihrem Unternehmen!**

## ERFOLG IN JUNGEN JAHREN

Natürlich ist Erfolg in jungen Jahren etwas ganz besonders Schönes, weil man dann eigentlich alles so richtig genießen kann. Im fortgeschrittenen Alter hingegen wird man versuchen, die Vorteile der Jugend – Kraft, Stärke, Vitalität, Energie, Ausdauer, ungezügelte Lebensfreude, attraktiveres Aussehen und manches mehr – mit den Freuden des Geldes zu kompensieren. Ich weiß nicht, ob ich mich seinerzeit zu den erfolgreichen jungen Menschen zählen konnte, aber ich hatte doch Erfolg, weil ich einfach allen Dingen gegenüber unglaublich positiv eingestellt war. Sie erinnern sich an die Lehren meines Soziologie-Professors? Mein fester Glaube an Erfolg und das damit gestärkte Selbstbewusstsein ermöglichten mir schon früh, was mir wichtig war: ein lustiges, unbeschwertes Leben, frei und unabhängig und an einem der Orte, die ich besonders liebe, nämlich an der Côte d'Azur.

Sind Sie auch jung und erfolgreich? Vielleicht gehören Sie zu den jungen Erfolgreichen, die im Internet-Business oder im Musikgeschäft Erfolge feiern. Oder auch ganz woanders. Dann habe ich nur eine Bitte an Sie. Lassen Sie sich den Erfolg nicht zu Kopf steigen. Versuchen Sie, ein wenig Vorsicht walten zu lassen, und denken Sie an die römischen Feldherren. Natürlich hatten sie es einfacher, schließlich erinnerte sie ständig jemand daran, dass sie sterblich waren. Im übertragenen Sinn könnte man auch sagen, gehen Sie vorsichtig mit Ihrem Erfolg um, denn Erfolg ist wankelmütig und könnte sich schon morgen von Ihnen abwenden. Junge Superstars genießen ihren Erfolg mit Recht, doch sie neigen auch gerne zu der Annahme, dass es immer so weitergehen müsse.

Eine ganz besondere Lehre diesbezüglich waren meine Erfah-

rungen mit jungen, erfolgreichen Strukturvertriebs-Mitarbeitern. Als Amway in Deutschland mit seinem Vertrieb begann, gab es junge Leute, die schon damals über eine Million Mark pro Jahr verdienten. Die Spitzenverdiener eines Strukturvertriebes von Telekommunikations-Dienstleistungen, wie er gerade in den USA im Entstehen ist, haben vergleichsweise dazu heute ein Jahreseinkommen von bis zu zehn Millionen Dollar. Nun, die meisten dieser jungen Leute führten wahrscheinlich bis vor kurzem ein ganz „normales“ Leben und hatten bei ihrem kleinen Einkommen auch diverse Geldprobleme. Doch plötzlich werden sie in eine ganz neue Welt katapultiert. Ein großartiges Gefühl, ein einmaliges Erlebnis, aber auch eine bisher unbekannte Situation, mit der nicht alle richtig umgehen können. Geld spielt plötzlich keine Rolle mehr. Schnell und gerne gewöhnt man sich an die neuen Dimensionen, schafft sich die „nötigen“ Statussymbole an, wirft das Geld aber auch zum Fenster hinaus. Und plant seine Zukunft in der Erwartung, dass es so weitergeht oder womöglich noch besser wird.
Wie ich beobachten konnte, kam es bei vielen dann aber ganz anders. Strukturvertriebe bauen sich nämlich rasch auf, laufen sich aber auch genauso schnell wieder tot. Die Leute, die eine Zeit lang ganz oben schwammen, fanden sich plötzlich wieder dort, wo sie ursprünglich herkamen. Womöglich sogar mit Schulden. Doch nun war alles anders. Ein bescheidenes Leben zu führen, nachdem man den Duft der großen, weiten Welt geschnuppert, den Luxus der Reichen und Schönen kennen gelernt und selbst darin gelebt hat, ist weitaus bitterer und schwieriger als sich ein Leben lang auf demselben Level zu bewegen. Heute muss ich bei jungen, besonders erfolgreichen Popstars immer an die Strukturvertriebs-Mitarbeiter denken. Wie geht es ihnen, wenn der Erfolg ausbleibt? Sie haben es dann bestimmt noch viel schwerer. Denn plötzlich ist nicht nur das Geld, es sind auch die Popularität und das Scheinwerferlicht verschwunden. Oder sagen Ihnen Namen wie Garry Glitter, Suzie Quattro, Mungo Jerry noch etwas, Stars, die in den vergangenen 20 Jahren mindestens einen Sommerhit landeten? Nicht alle verkraften den plötzlichen Erfolg und den raschen Abstieg, manche enden wie Janis Joplin, Jimmy Hendrix oder Brian Jones.

Sollten Sie zu den Glücklichen gehören, die schon in jungen Jahren große Erfolge feiern können, dann versuchen Sie doch bitte nach den folgenden 10 Geboten zu leben:

1. Freuen Sie sich über Ihren Erfolg und erlauben Sie ihm eine positive Beeinflussung Ihres Egos und Ihres Selbstbewusstseins.
2. Werden Sie nicht selbstherrlich, arrogant oder blind.
3. Analysieren Sie Ihren Erfolg, fragen Sie warum, weshalb, wieso. Und seien Sie dankbar, dass Sie sich zu den Glücklichen zählen dürfen.
4. Planen Sie nüchtern und ohne jedwede Euphorie Ihren weiteren Karriereweg. Gehen Sie nicht davon aus, dass es immer so weitergehen wird. Denken Sie darüber nach, wie Sie Ihren Erfolg möglicherweise noch ausbauen, auf jeden Fall aber absichern können.
5. Legen Sie sich einen guten Berater oder Coach zu.
6. Sollten Sie keine starke Person zur Seite haben, die Sie davon abhält „abzuheben“, zwingen Sie sich selbst dazu, mit beiden Füßen auf dem Boden zu bleiben. Und denken Sie stets daran, dass Sie sterblich und übermorgen vielleicht schon vergessen sind.
7. Lassen Sie sich nicht vom Scheinwerferlicht des Erfolges blenden.
8. Stellen Sie fest, wer Ihre wirklichen Freunde sind, und hören Sie manchmal auf deren Rat. Menschen, die nicht im Scheinwerferlicht stehen, können auch nicht geblendet werden.
9. Hüten Sie sich vor den Groupies des Erfolges.
10. Verprassen Sie nicht Ihr Geld, legen Sie unbedingt genügend zur Seite.

Zum letzten Statement fällt mir einer meiner Professoren an der Fremdenverkehrs-Akademie auf Schloss Kleßheim ein. In den sechziger Jahren galt Gunther Sachs als Deutschlands Parade-Playboy Nummer eins. Sein Name stand auch für tolle und ausgefallene Feste – eben für das Jetset-Life, wie man es sich faszinierender nicht vorstellen konnte. Doch besagter Professor teilte uns zu unserem größten Erstaunen mit, dass er Gunther Sachs trotz der vielen spektakulären Berichte über seine ebensolchen Festivitäten für einen sparsamen Menschen hielt. Er ging näm-

lich davon aus, dass Sachs bestimmt nie mehr als zehn Prozent seines Einkommens für das Jetset-Leben ausgab. Und das sei eben sparsam. Also riet er auch uns, niemals mehr als zehn Prozent unseres Verdienstes für unser persönliches Vergnügen zu verschwenden. Irgendwie machte das Sinn – für reiche, erfolgreiche Menschen, die nach dieser Formel blendend leben konnten. Aber doch sicher nicht für Kleinverdiener, die sich dann gerade noch ein Paar Frankfurter leisten könnten. Meine damaligen Überlegungen endeten daher mit dem Entschluss, auf jeden Fall erfolgreich zu werden, um den Rat des Professors befolgen zu können. Damals wurde die Saat für meine zukünftige Karriere gelegt.
Sollten Sie auch nach dieser Überlegung leben wollen, es Ihnen Ihre derzeitige finanzielle Lage aber nicht erlauben, nehmen Sie sich doch einfach vor, erfolgreich zu werden. Sie werden sehen, eines Tages ist es so weit. Wie gut ginge es beispielsweise so manchem, heute in Vergessenheit geratenen und verarmten Popstar, wenn sie oder er während der erfolgreichen Jahre nach diesem Prinzip gelebt hätte.

**Selbst wenn Sie schon in jungen Jahren sehr erfolgreich sind, vergessen Sie nicht, dass Erfolg vergänglich sein kann. Verlieren Sie nie die Bodenhaftung!**

## ANFÄNGER UND PROFIS IM MANAGEMENT

Wenn ich bei meinen Manager-Beratungen zwischen „Anfängern“ und „Profis“ unterscheide, beziehe ich mich keineswegs auf ihr Alter, sondern auf die Niederlagen, die sie bereits überstanden haben. Zu den „Profis“ zählen demnach alle, die sich schon ein paar Mal mit Misserfolgen auseinander setzen mussten und daraus gelernt haben. Die „Anfänger“ sehen sich dagegen zum ersten Mal mit einer Krise konfrontiert. Solange sich die Erfolgsgewöhnten im Alter zwischen 40 und 50 Jahren befinden, haben sie noch genug körperliche Kraft, um Niederlagen wegzustecken, bei „Anfängern“ mit 60 könnte es allerdings kritisch werden. Menschen, die sich über viele Jahre an den Erfolg gewöhnt

haben, kennen außerdem das Krisen-Management nicht und ihr erster Misserfolg könnte gleichzeitig ihr letzter sein. „Profis" mit 60 hingegen können ihre mangelnde physische Kraft durch psychische ersetzen, denn sie kennen ja schon die vielen Tricks.
Übrigens, so wie kein Kind den Mahnungen seiner Eltern Glauben schenken will, glaubt anfänglich kein Unternehmer seinem erfahrenen Berater. Ich freue mich daher regelmäßig über den ersten großen Crash, weil vernünftige Menschen dann aufwachen und registrieren, wovor ich sie bereits gewarnt habe. Ab diesem Moment ist die Chance, dass sie auf mich hören, sehr groß.
Ich arbeite schon so lange in diesem Geschäft, dass ich sagen darf, mich vergleichsweise sehr gut auszukennen. Ich kenne die herkömmlichen Fallen jeder Branche, vor denen ich meine Kunden natürlich warne. Aber die wenigsten glauben mir auf Anhieb. Ich habe jedoch kein Problem damit. Denn die guten Unternehmer werden über kurz oder lang erfolgreich und die schwachen gehen unter. Zumindest in unserer heutigen Zeit. Und das ist auch nur gerecht – und gut so.

Kapitel 6

# CHARAKTEREIGENSCHAFTEN

## HÄRTE UND EHRLICHKEIT

Ich habe persönlich wiederholt festgestellt, dass meine Geradlinigkeit manchmal nur recht schwer zu verkraften ist. Meine besonders direkte Art hat mir nicht nur Freunde eingebracht, sie hat es mir zudem erschwert, manche meiner Ziele zu erreichen. Sie wissen, wovon ich spreche? Gehören Sie auch zu den Menschen, die immer sagen, was sie denken? Und obwohl Sie damit gar nicht selten den Nagel auf den Kopf treffen, machen Sie sich unbeliebt? Davon kann ich nicht nur ein Lied, davon könnte ich ganze Opern singen.

Doch wenn ich heute zurückblicke, bin ich stolz auf meine Härte und Ehrlichkeit. Denn man kann vieles von mir behaupten, nur eines nicht: dass ich einen krummen oder unehrlichen Weg eingeschlagen hätte. **Ich glaube, Härte und Ehrlichkeit sind nicht immer der einfachste Weg zum Erfolg, aber letztendlich der einzige.** Wenn ich manchmal selbst ein wenig an meiner Unerbittlichkeit zweifle und überlege, ob ein diplomatischer Weg nicht der bessere wäre, denke ich immer an einen Satz von Jack Welch: „People who cheat are simply weak." (Menschen, die lügen und betrügen, sind einfach nur schwach.)

Natürlich müssen Sie in schlechten Zeiten schon sehr ehrlich und auch hart zu sich selbst sein. Die Fehler bei anderen zu suchen ist zwar der einfachere Weg, aber Sie korrigieren sie damit nicht, Sie schieben sie nur zur Seite. Zugegeben, es ist oft relativ einfach, ein Versehen oder einen Irrtum auf jemand anderen abzuwälzen – wer tut das nicht manchmal, ein solches Verhalten liegt einfach in der Natur des Menschen –, aber das bringt Sie bestimmt nicht weiter. Weil Ihnen dann die Basis für weitere Erfolge fehlt.

Suchen Sie den Fehler immer bei sich selbst, selbst wenn Sie fest davon überzeugt sind, dass andere etwas falsch gemacht haben und die Schuld absolut nicht bei Ihnen liegt.

**Ehrlichkeit, auch bei Misserfolgen, erspart Ihnen später viele Ausreden.**

## NEID ALS MISSERFOLGSFAKTOR

Neid ist in unserem Sprachgebrauch allgemein negativ besetzt. Doch wussten Sie, dass man zwischen positivem und negativem Neid unterscheiden muss? Es ist nämlich ein großer Unterschied, ob ich jemanden beneide, weil ich das, was er hat, einfach auch gerne hätte, oder ob ich ihm einfach nicht gönne, was er hat. Wir kennen zwar alle den Neid im negativen Sinn, der uns wegen des großartigen Erfolges eines anderen blass oder grün werden lässt, aber wir können uns kaum etwas unter positivem Neid vorstellen. Schade, denn diese Form von Neid kann zu Ihrem Erfolg beitragen.
Vergessen Sie ab sofort den uns allen bekannten Neid, jene Missgunst und Eifersucht, die Sie nur krank machen – und sonst gar nichts. Legen Sie diese Gefühle ab, denn es sind keine schönen Empfindungen, also tragen sie auch nicht dazu bei, Ihr Leben zu verschönern. Freuen Sie sich lieber über den Erfolg eines anderen, gönnen Sie ihm das schöne Gefühl von ganzem Herzen. Ja, freuen Sie sich mit ihm, als ob es Ihr eigener Erfolg wäre. Stellen Sie sich vor, ab morgen würden alle Menschen genau so denken und fühlen. Was wäre das für eine wundervolle, friedliche Welt. Voll Freude und Mitgefühl. Machen Sie doch den Anfang und erzählen Sie auch Ihren Freunden davon. Ihr Leben wird sich positiv verändern, und Sie gewinnen neue Freunde.
Nun aber zum positiv verstandenen Neid, vor dem Sie sich nicht zu scheuen brauchen. Beneiden Sie einen anderen ruhig um seinen Erfolg, indem Sie sich selbst, besser aber noch den anderen direkt fragen: „Wie haben Sie es geschafft, so erfolgreich zu sein? Ich beneide Sie um Ihren Erfolg und ich freue mich für Sie." Ist doch gar nicht so schwer, und glauben Sie mir, danach fühlen Sie

sich gut und der Erfolgreiche auch. Sie machen sich beliebt, man findet Sie sympathisch und gibt Ihnen gerne gute Ratschläge auf Ihren Erfolgsweg mit. Prima! Eine absolute Win-Win-Situation. Der Erfolgreiche gewinnt durch Ihre Bewunderung und Sie gewinnen durch sein Wissen.

Zur Abschreckung ein kurzer Rückblick auf die doppelte Verlierer-Situation, wie man sie leider nur allzu oft antrifft. In diesem Fall vergönnen Sie dem anderen seinen Erfolg ganz und gar nicht, im Gegenteil, Sie wünschen ihm einen großen Absturz. Womöglich tragen Sie direkt oder indirekt sogar dazu bei, weil Sie derart negativ denken. Sie neiden dem anderen seinen Erfolg, ja, Sie hassen ihn womöglich, weil er das erreicht hat, was Ihnen nicht gelungen ist. Dafür ist Ihre Freude dann umso größer, wenn der Erfolgreiche plötzlich alles wieder verliert. Aber was haben Sie denn dabei gewonnen? Einzig und allein die Genugtuung, dass der Beneidete jetzt auch nichts mehr hat. Sie haben nichts dazugelernt und der andere konnte sich nicht über Ihre Anerkennung freuen. Also für beide eine Loser-Situation, die beide im Leben nicht weiterbringt. Und der Misserfolg des anderen ist gleichzeitig auch Ihrer, weil Sie ihm keine Freude machten und selbst nichts dazugelernt haben.

Möglicherweise sagen Sie jetzt: „So bin ich nicht, so etwas tue ich nicht." Also bitte, liebe Leserinnen und Leser, seien Sie doch ganz ehrlich. Haben Sie wirklich noch nie jemandem, der erfolgreicher war als Sie, etwas Böses gewünscht? Vielleicht sogar dazu beigetragen? Also ich schon. Einmal sogar bei meiner besten Freundin, hinterlistig, ganz in J. R. Ewing-Manier. Andererseits erlebe ich immer wieder, wie andere mir meinen Erfolg neiden. Na ja, ich muss damit leben, denn wer im Rampenlicht steht, setzt sich dieser Gefahr eben besonders aus. Dabei wäre es doch viel schöner, wenn die Neider einfach zu mir kämen, um sich mit mir zu freuen. Und ich könnte ihnen mein Know-how weitergeben. Das würde ich mir auch für meine Kunden wünschen.

Erst vor kurzem erlebte ich diesbezüglich wieder ein paar recht unangenehme und eigentlich unverständliche Reaktionen. Vor einigen Monaten wurde eines meiner Projekte aus der Taufe gehoben, das nicht nur meinem Auftraggeber, sondern einer gesamten Region von Nutzen sein könnte. Ein Umstand, mit dem

alle zufrieden sein sollten. Doch schon vor Fertigstellung des Projektes wuchs der Neid, weil man bereits in allen Medien über das beeindruckende Schloss berichtete. Und vor allem diejenigen, die davon am meisten profitieren könnten, wünschten dem Initiator, letztlich aber auch sich selbst, einen richtigen Misserfolg. Ganz nach dem Motto: „Besser keiner bekommt etwas, als einer zu viel.“ Leider schlugen auch meine Versuche fehl, den Leuten klarzumachen, dass Neid der falsche Weg sei. Na ja, vielleicht schaffe ich es jetzt mit meinem Buch.
Aber, wie gesagt, vergessen wir besser jene Art von Neid, die uns selbst und anderen nur schadet. Als aufmerksamer Leser dieses Buches haben Sie ihn bereits abgelegt oder sind gerade dabei, um Platz für seine positive Variante zu machen. Die übrigens eine bedeutende Rolle auf Ihrem Weg zum großen „Ich will“-Ziel spielen kann. Denn wer von uns braucht nicht von Zeit zu Zeit einen Tritt in den Allerwertesten, um seine Faulheit und Trägheit zu überwinden? Dabei kann uns Neid in seiner positiven Form ebenfalls helfen. Jedem auf seine Art. Ich mache es folgendermaßen: Da ich kein Büro habe, in das ich gehen muss, und auch kein Vorgesetzter oder Mitarbeiter auf mich wartet, fällt es mir an manchen wunderschönen Tagen recht schwer, mich auf meine Arbeit zu konzentrieren. Die Terrasse und der Pool laden zum Faulenzen ein, das Meer wartet darauf, dass ich mich in ihm erfrische. Warum soll ich mich jetzt hinter den Computer setzen, wo mich doch jeder einzelne Sonnenstrahl ruft und zum Nichtstun verführen will. Sie wissen, was ich meine? Sie müssen auch immer wieder gegen den eigenen Schweinehund ankämpfen? Fragen Sie sich in solchen Situationen, warum Sie eigentlich ein so hoch gestecktes Ziel anstreben, ist das, was Sie bereits erreicht haben, denn nicht genug? Sie kennen diese zeitweisen Überlegungen? Sehr gut, dann verstehen wir uns ja bestens. Nun, was tun Sie denn in solchen Momenten? Ich fahre in den Hafen von Monte Carlo oder Palm Beach und schaue mir die großen Yachten an. Oder ich mache einen Abstecher zu meiner Traumvilla, einem ehemaligen Palazzo der Romanoffs, wo mich sofort wieder der positive Neid packt. Das möchte ich haben! Auf jeden Fall! Irgendwann. Natürlich weiß ich im selben Moment, dass ich hart dafür arbeiten muss, um dieses Ziel zu erreichen. Also ver-

gesse ich den ruhigen Pool oder das bewegte Meer, alle Verlockungen zum Nichtstun haben plötzlich ihren Reiz verloren, ich bin zurück auf der Straße meines Ehrgeizes, die mich nach oben führt. Dorthin, wofür ich jetzt jemanden beneide – ihm aber sicher nicht neidig bin. Ich habe absichtlich eine Situation herbeigeführt, in der mich Neid in seiner positivsten Form animiert, ja anspornt, mir mein „Ich will" wieder vor Augen zu führen. Damit aus meinem „Ich will" irgendwann ein „Ich habe" wird.

**Legen Sie Neid in seiner negativen Form ab und nützen Sie seine positive Seite auf Ihrem Weg zum großen Ziel!**

## FAULHEIT UND EHRGEIZ – DER MOTOR ZUM ERFOLG

Ich hatte vor über zwanzig Jahren ein sehr interessantes Gespräch mit einem erfolgreichen deutschen Unternehmer, der mir bestätigte, dass er ehrgeizig-faule Menschen besonders schätzt. Damals verstand ich zwar das Attribut Ehrgeiz, nicht aber die Faulheit. Daraufhin erklärte er mir, die schrecklichsten Eigenschaften eines Menschen seien Fleiß und Ehrgeiz, wenn sie gepaart auftreten. Solche Menschen setzten nämlich über ihren Ehrgeiz, teilweise sogar über Skrupellosigkeit alles daran, ihr Ziel zu erreichen. Mitunter fast schon fanatisch. Doch das ist nicht die ökonomische Art und Weise. Menschen mit gesundem Ehrgeiz wollen zwar ein gewisses Ziel erreichen, aber nicht unbedingt mit tierischem Ernst. Faule suchen sich den einfachsten und bequemsten Weg, um an ihr Ziel zu gelangen. Das ist eindeutig der ökonomischste Weg, weil er die wenigsten materiellen wie menschlichen Ressourcen verbraucht.
Wenn ich heute zurückdenke, möchte ich sagen, dass ich bei meiner Arbeit am meisten Freude mit solchen Menschen habe, die ehrgeizig sind und hoch hinaus wollen, ihre Karriere aber ziemlich locker sehen und immer wieder Ausschau halten, wie es für sie am einfachsten geht. Am schwierigsten sind Menschen, die verbissen an ihrem Erfolg arbeiten. Ich glaube nicht, dass

dieses Phänomen etwas mit Intelligenz zu tun hat, wahrscheinlich mit Phlegma, aber auch mit Lebensgenuss.
Interessant ist in diesem Zusammenhang die Tatsache, dass viele top-erfolgreiche Menschen künstlerisch begabt sind und für Kunst und Kultur relativ viel Zeit aufwenden.
Ich selbst bin sehr ehrgeizig und sehr faul. Ursprünglich wollte ich das, was ich heute mache, nie tun. Ich wollte immer Künstler werden. Ich kam dann vielleicht auf die falsche, nämlich die wirtschaftliche Bahn, habe schließlich aber zum schönsten Kompromiss meines Lebens gefunden. Das Turn-around-Management hat mich nämlich nie gereizt, ich tat es nur des Geldes wegen, um meine Schulden abzahlen zu können. Es hat mir keinen Spaß gemacht, Menschen zu entlassen, in Ungewissheit und Angst zu schicken. Aber ich musste es tun.
Mit den Erlebniswelten ist mir persönlich das Schönste überhaupt gelungen. Ich kann Kreativität, Kunst und Kultur zusammenführen, denn was ich – gemeinsam mit meinen Art-Direktoren – schaffe, sind letztendlich alles Kunstwerke – in der Wirtschaft. So gesehen vereine ich Kunst, Kreativität und Wirtschaft zu einer Symbiose, die mich sehr glücklich macht.

## NUMMER EINS – NICHT OHNE MARKETING

Wenn man den Menschen nicht immer wieder sagt, dass man die Nummer eins ist, glauben sie es nicht. Und wenn sie es nicht glauben, kann man es auch nicht werden. Man muss ihnen diese Tatsache mit allen Mitteln vor Augen führen und sie darauf hinweisen. Sie meinen, damit kann man sich auch lächerlich machen und das Gegenteil erreichen? Niemals, denn Erfolg ist mit Sicherheit auch eine Frage von Überzeugung und Show. Je höher ich mir selbst die Latte lege, desto mehr muss ich performen. Und je mehr ich vorführe und zeige, desto erfolgreicher werde ich. Natürlich ist es lächerlich zu behaupten, ich bin die Nummer eins, wenn ich absolut nichts vorzuweisen habe.
Im Prinzip betrifft dies alle Bereiche des Lebens. Was wäre aus Dalí oder Picasso ohne ihre Show geworden, wo wären die Rol-

ling Stones oder auch Michael Jackson? Sie alle haben eines gemeinsam – eine exzellent organisierte Show, marketing-strategisch durchdacht.
An dem Tag, an dem ich glaube, die Nummer eins zu sein oder sein zu können, darf ich mich das erste Mal damit rühmen. Dafür ist es nie zu früh. Sicherlich gibt es Menschen, die es vielleicht nie sagen können, weil ihnen irgendetwas fehlt. Daher ist es auch ein Kunststück, sich auf den Bereich zu konzentrieren, in dem man wirklich die Nummer eins sein kann. Aber entscheidend ist, es den Mitmenschen mitzuteilen. Denn eines ist klar: Auch das beste Produkt der Welt verkauft sich nicht von selbst. Ohne Promotion geht gar nichts. Selbst die größte Persönlichkeit wird unentdeckt bleiben, nie berühmt werden und keinen Erfolg haben, wenn sie nicht auf sich aufmerksam macht. Sich nur auf die Qualität seiner Arbeit zu verlassen, weil diese für sich selbst spricht, genügt absolut nicht. Wenn Manager und Kaufleute ganz ehrlich sind, bei Showstars drückt es schon das Wort Show aus, müssen sie zugeben, dass irgendwann in ihrem Leben der Show-Bestandteil ein wesentlicher Kick für ihren Erfolg war. Sei es die Show vor dem Banker oder vor dem Kunden.
Der Erfolg meiner Konzepte beruht auf drei wesentlichen Eckpfeilern: Erstens das Konzept an sich – Innovationsgrad, Pressegegenwert, Wow-Effekt und die Frage, ob es der Kunde wirklich will. Das macht aber nur 33 Prozent aus. Ein weiteres Drittel liegt in der künstlerischen Umsetzung einerseits, im Betreiben des Konzeptes andererseits. Am entscheidendsten sind jedoch die letzten 33 Prozent, nämlich das Marketing.
Daher meine diesbezügliche Meinung: Ein schlechtes Produkt bringe ich mit einem ausgezeichneten Marketing nach oben, dem besten Produkt kann selbst ich ohne Marketing nicht helfen.
Was Pressemeldungen betrifft, so gibt es keine positiven und negativen – bad news sometimes sell better than good news –, schlecht ist nur, wenn es überhaupt keine gibt. Curd Jürgens sagte einmal: „Was die Presse über mich schreibt, ist mir egal, Hauptsache der Name ist richtig geschrieben."

**Keine Angst vor übertriebener Selbstdarstellung.**

Kapitel 7

# FACHBEGRIFFE UND MANAGEMENT-TOOLS

## DIE VERSCHIEDENEN GRUPPEN VON MENSCHEN

Normalerweise beginne ich jedes meiner Seminare mit einer Einteilung in Gruppen und ersuche die Teilnehmer, sich selbst dem entsprechenden Personenkreis zuzuordnen. Bitte studieren auch Sie diese Einteilung genau und überlegen Sie anschließend ganz ehrlich, wohin Sie gehören. Vielleicht sind Sie auch ein Grenzfall, das heißt, Sie zeigen Merkmale von verschiedenen Gruppen. Umso besser, dann wird Ihnen ein Umstieg nämlich bedeutend leichter fallen.

Zur ersten großen Gruppe zähle ich die **Ignoranten,** jene Menschen, die alles Moderne, Innovative ablehnen. Natürlich besuchen sie auch keine Fortbildungsveranstaltungen, denn so etwas haben sie nicht nötig, sie müssen nichts dazulernen, sie wissen sowieso schon alles. Und genau jene Menschen, die schließlich versagen, weil sie auf dem Markt nicht mehr gefragt sind, weil sie nicht mehr mit modernsten Dienstleistungen aufwarten können, rufen dann am lautesten um Hilfe und suchen die Schuld bei allen anderen. Dabei liegt die Schuld einzig und allein bei ihnen, in der Tatsache nämlich, dass sie selbst zum richtigen Zeitpunkt, also als es noch möglich gewesen wäre, alles Neue, eben auch neuestes Wissen, ignorierten.

Wie meinen Seminarteilnehmern darf ich jetzt auch Ihnen bestätigen, dass Sie keinesfalls zur Gruppe der Ignoranten gehören, sonst würden Sie ja mein Buch nicht lesen. Schon eher möglich, dass Sie der zweiten Gruppe zuzuordnen sind, jener der **Lernwilligen,** die allem Neuen aufgeschlossen gegenüberstehen und sich alle Neuerungen auf dem Markt anhören und ansehen.

Sie sind für alles zu begeistern und sagen sofort: „Ja, das mache ich“, aber dann setzen sie leider gar nichts in die Tat um. Solche Menschen sind ideal für Veranstalter von Fortbildungs-Seminaren oder Kursen, aber auch für Buchautoren, weil sie genau jenen Personen Geld einbringen, sich selbst aber gar nichts bringen. Auf sie passt der Spruch: Außer Spesen nichts gewesen! Im Vergleich zu ihnen sind ja die Ignoranten die weitaus Klügeren, weil sie weder Zeit noch Geld in etwas investieren, das sie möglicherweise nur irritiert und verunsichert – in neue Ideen und Strategien. Sollten Sie also das Gefühl haben, gewisse Ähnlichkeit mit den Lernwilligen aufzuweisen, geben Sie sich einfach einen Ruck. Wenn Sie sich schon für das Innovative interessieren und sich darüber informieren, warum versuchen Sie nicht, Ihr neues Wissen zu realisieren? Trauen Sie sich ruhig, Sie werden bald merken, dass Ihr Erfolg nicht mehr aufzuhalten ist. Denn was nützt Ihnen die Theorie ohne Praxis?
Als Lernwilliger haben Sie also noch alle Chancen, aber vielleicht sind Sie ja sowieso ein **Macher.** Menschen dieser Gruppe besuchen gezielt die richtigen Veranstaltungen und lesen die richtigen Bücher, sie holen sich das für ihre Person Wesentliche heraus und arbeiten daran, es für sich selbst am besten umzusetzen. Schnell, konsequent und dauerhaft! Erkennen Sie sich wieder? Sind Sie lernwillig und auch bereit, das Gelernte anzuwenden? Dann gratuliere ich Ihnen, denn als Mitglied dieser Gruppe zählen Sie zu den Erfolgreichen. Spätestens nachdem Sie mein Buch genau studiert, alle Ratschläge befolgt und sämtliche Strategien durchgezogen haben.
Eine weitere Gruppe darf ich hier nicht vergessen, und zwar die **Experimentierer.** Sie fürchte ich am meisten. Denn sie sind zwar aufgeschlossen, hören sich alle neuen Ideen an, eignen sich vielleicht sogar ein paar der Methoden und Strategien professionell an, aber letztendlich starten sie ihre eigenen Experimente. Sehr oft inkonsequent und ohne jedes System. Bei Unternehmungen, die aus diesen Gründen meistens danebengehen, wird dann aber der Referent oder der Autor für den Misserfolg verantwortlich gemacht. Er ist der Schuldige, obwohl man sich nicht an seine Rezepte hielt, sondern eigene Wege ging. Die Gruppe der Experimentierer ist größer, als Sie vielleicht glauben. Oder zählen

Sie selbst dazu? Auch kein Problem, denn Sie müssen nur eine Kleinigkeit ändern, um Ihr Misserfolgs-Risiko möglichst einzuschränken. Stürzen Sie sich nicht zu sehr in waghalsige Eigenexperimente, sondern vertrauen Sie dem Wissen erfahrener Experten! Schließlich wollen sie Ihnen bei Ihren Unternehmungen aufgrund ihrer Erfahrung helfen und Sie bei Ihren Innovationen auf dem Weg zum Erfolg unterstützen.

Verstehen Sie mich jetzt aber bitte nicht falsch. Natürlich meine ich nicht, dass Sie in Ihrem Leben nie mehr experimentieren sollten. Auch ich vertrete die „Trial and error"-Methode, was bedeutet, ich versuche etwas Neues, und wenn es sich als Fehler herausstellt, nehme ich es nicht tragisch, sondern probiere etwas anderes. Vor allem in jungen Jahren sollten Sie möglichst oft entsprechend dieser Methode agieren, primär bei ganz neuen, innovativen Konzepten. Denn solange es nichts Vergleichbares auf dem Markt gibt, bleibt Ihnen gar keine andere Möglichkeit. Sobald aber erwiesenermaßen Erfolgskonzepte vorhanden sind, sollten Sie diese nicht mit der „Trial and error"-Methode vermischen. Auf solche Art und Weise mischen Sie nämlich guten mit schlechtem Wein – und dass dabei nur schlechter Wein herauskommt, wissen Sie selbst, oder nicht? Also beschränken Sie Ihre Experimentierfreudigkeit auf Bereiche, für die es noch keine Erfolgskonzepte gibt, aber befolgen Sie vorhandene Wege und Ratschläge, die auf der Erkenntnis erfahrener Experten beruhen.

Nehmen wir uns doch ein ganz konkretes Beispiel zu Hilfe: Es gibt viele Möglichkeiten, einen Hamburger zu braten – und sei es bei Ihnen zu Hause in der Pfanne. Sobald sich aber eine Methode – wie die von McDonald's – als derart perfekt herausstellt, dass es dafür weltweit Lizenzen gibt, sollte in diesem Bereich gar niemand mehr neue Versuche anstellen, weil er es nicht mehr besser machen kann. Abgesehen davon lassen Profis wie McDonald's gar niemanden experimentieren, denn sie sind überzeugt von ihrem Konzept und erwarten von ihren Partnern, dass sie sich mit größtem Einsatz voll auf den Erfolg ihres Geschäftes konzentrieren – und sich nicht damit belasten, bereits erprobte und bewährte Dinge in Frage zu stellen.

Damit wollte ich Ihnen nur einen von vielen Beweisen liefern, dass es nur Zeit, Energie und Geld kostet, erfolgserprobte Methoden verändern zu wollen, ohne dadurch ein besseres Resultat zu erzielen. Daher rate ich Ihnen noch einmal, Wagnisse nur dort einzugehen, wo Sie auch tatsächlich ein Pionier sind oder tatsächlich ein Verbesserungspotential (nach der Kaizen-Methode – Kapitel 7) entdecken.

## DAS ERFAHRUNGSGEFÄNGNIS

Wie gefährlich das Erfahrungsgefängnis ist, bleibt für mich die wichtigste persönliche Erkenntnis, und sie ist auch beruflich so bedeutend, dass sie jede Führungskraft unbedingt ernst nehmen sollte. Zum ersten Mal wurde ich damit 1980 während meiner Zeit bei McDonald's in Wien, damals dem ersten Fast-Food-Restaurant Österreichs, konfrontiert. Zu dieser Zeit bewarb sich ein Manager von Wienerwald, einst ein österreichischer Markenname, um eine einflussreiche Position beim amerikanischen Riesen. Und obwohl – oder wie nachfolgend erklärt, gerade weil – Wienerwald in jenen Tagen noch der größte und profitabelste Gastronomie-Konzern der Welt war, wurde der Bewerber nicht aufgenommen. Auf meine Frage, warum dieser Mann, der über bestes gastronomisches Know-how verfügte und aus einer der damals noch seltenen weltweiten Gastronomie-Ketten kam, für die Manager-Aufgabe bei McDonald's nicht qualifiziert sei, erhielt ich eine ganz einfache und klare Antwort: „Wir brauchen viel mehr Zeit, um diesen Mann von minus 20, nämlich seinem jetzigen Erfahrungsstand, auf null und dann auf plus 20 bei McDonald's zu bringen, als einen Banker einzuschulen, der mit einem gastronomischen Wissen von null beginnt."
Dies ist auch der Grund, warum Quereinsteiger meistens Erfolg haben, denn sie sind in keiner Weise vorbelastet, weder positiv noch negativ. Einsteiger aus fremden Branchen sind meist relativ offen und gehen an eine neue Sache heran wie ein kleines Kind. „So what, why shouldn't I do it?" Ich selbst achte mittlerweile darauf, dass ich bei meinen Konzepten möglichst keinen Fachexperten in bestimmten Positionen einsetze. Allerdings musste auch ich mein Lehrgeld zahlen.
Als ich bei McDonald's meine ersten Erfahrungen in dieser Rich-

tung machte, wusste ich noch nichts von den negativen Auswirkungen des so genannten Erfahrungsgefängnisses. Erst kurz darauf hatte ich das Glück, einen faszinierenden Verhaltensforscher kennen zu lernen, der mich ein paar sehr interessante Dinge lehrte und mir beibrachte, dass man aus diesem Gefängnis ausbrechen kann. Meine Aufgabe bestand darin, ein gezeichnetes Viereck mit nur einer Geraden in drei Dreiecke zu verwandeln. Doch selbst nach Anwendung all meiner geometrischen Kenntnisse erschien mir die Aufgabe unlösbar. Dabei war sie doch ganz einfach. Und sie zeigte mir ein für alle Mal, dass ich ein Gefangener meiner Erfahrungen war. Im vorliegenden Fall waren es meine geometrischen Kenntnisse, die ich mir brav im Gymnasium angeeignet hatte und die mir keinen quer denkenden Lösungsansatz erlaubten.
Ich bin fest davon überzeugt, dass Kinder, die schulisch noch nicht vorbelastet sind – in unserem Fall speziell was Geometrie betrifft –, die Aufgabe lösen können. Lassen Sie es doch auf einen Versuch bei Ihren Kindern ankommen – so Sie welche haben. Wenn nicht, probieren Sie doch einfach selbst, des Rätsels Lösung zu finden. Interessanterweise kam mir in fast zwanzig Jahren nur ein positives Ergebnis unter, und zwar von einem Erfinder, also einem Querdenker. Doch 1999 habe ich eine ganz neue Erfahrung gemacht. In diesem Jahr lösten bereits fünf Personen die Aufgabe und ich muss davon ausgehen, dass noch weitere dazu imstande sein werden. Was für mich nur einen Schluss zulässt: Es wächst eine neue Generation von Querdenkern heran, die die Aufgabenstellung nicht nach der traditionellen Denkweise angehen. Wenn dem so ist, muss ich alle Traditionalisten warnen, denn sie werden ihre Positionen alle schneller verlieren, als sie sich vorstellen können. Aber wie steht's mit Ihnen? Haben Sie ein Viereck mit nur einer Geraden in drei Dreiecke verwandeln können? Wenn ja, dann gratuliere ich Ihnen, weil Sie kein Gefangener Ihrer Erfahrungen sind, weil Sie es geschafft haben – und sicher immer wieder schaffen werden –, aus Ihrem Erfahrungsgefängnis auszubrechen. Sollten Sie zu allen anderen zählen, und ich gehe davon aus, dass dies der überwiegende Teil der Leser tut, brauchen Sie aber nicht zu verzagen, denn Sie sind ja bei Gott kein Einzelfall. Wichtig ist einzig und al-

lein, dass Sie aus diesem und noch einem weiteren Beispiel lernen, dass unsere Bildung und unser damit oft eingeschränktes Denken auch Hindernisse auf dem Weg zum Erfolg sein können. Übrigens, sollten Sie an der Lösung der Aufgabe interessiert sein, muss ich Sie um ein wenig Geduld bitten, bis mein nächstes Buch, „Die Erkenntnisse des Erfahrungsgefängnisses", erscheint.
Zur Verdeutlichung der immensen Wichtigkeit des Erfahrungsgefängnisses noch ein weiteres interessantes Beispiel. Die gesamte Schweizer Uhrenindustrie lag danieder, als die japanischen Quarzuhren plötzlich den Markt eroberten. So lange, bis ein Mann auf der Bildfläche erschien, der nur eine simple Frage stellte: Warum muss eine Uhr aus so vielen Teilen bestehen und dadurch die Produktion wesentlich verteuern? Darauf die einstimmige Antwort aller Fachleute: Weil Uhren eben nur mit so und so vielen Teilen funktionieren! Der Mann, der nicht aus der Uhrenbranche kam, gab sich mit dieser Antwort nicht zufrieden und wollte noch einmal wissen: Warum? Als er dann auch noch hinterfragte, weshalb eine Uhr unbedingt ein Zeitmesser sein müsse, lautete die zu erwartende einhellige Antwort: Weil das schon immer so war! Außerdem, was sollte eine Uhr denn sonst sein? Na, zum Beispiel ein Modeartikel. Der Rest ist Geschichte – der Name besagten Mannes ist Nicholas Hayek und die Uhr heißt Swatch.
So gesehen ist Erfahrung sehr kritisch zu beurteilen. Erinnern Sie sich noch? Zu Beginn meines Buches konnten Sie schon lesen: **„Erfahrung ist die Summe aller Misserfolge." Und diese Erfahrung bildet auch die Basis des Erfolges. Dabei dürfen wir jedoch nicht vergessen, dass keine Erfahrung unser quervernetztes Denken einschränken darf,** denn dann ist sie kein Erfolgsfaktor mehr, sondern unser größter Gegner für innovativen, kreativen Erfolg.

## DER WOW-EFFEKT

Im Laufe der Zeit hatte ich mir über die Diskontinuitätsanalyse (mehr darüber noch in diesem Kapitel) zwar ein Instrument entwickelt, das den Erfolg von (Unternehmens-) Konzepten mathe-

matisch berechnen kann, aber es fehlte mir noch immer die Möglichkeit einer schnellen Rückbestätigung für den Ist-Zustand am Tag der Eröffnung eines Centers. Erst allmählich stellte ich fest, dass es eine Korrelation zwischen der Diskontinuitätsanalyse und dem Wow-Effekt gibt.
Wenn aus einer Gruppe von 100 Personen 65 Prozent am Tag der Eröffnung einen Wow-Ausdruck wie „super", „affengeil", „phett", „cool", „toll", „irre" – entsprechend der jeweiligen Zielgruppe – für das Konzept verwenden, kann ich meinen Kunden den Erfolg bestätigen. Denn alle diese begeisterten Besucher werden über kurz oder lang anderen Menschen davon erzählen.
Amerikas erfolgreichster Autoverkäufer, John Giraud, hatte herausgefunden, dass sich all jene Verkäufer, die den Großteil ihrer Zeit im Verkaufsgeschäft verbringen, dort gerne über die Misserfolge der letzten Tage unterhalten und dabei Kunden übersehen, die in den Salon kommen. Oder sie haben sich durch die Negativ-Spirale selbst schon so weit hinuntergezogen, dass sie aufgrund ihrer Art potentielle Käufer vergrämen.
Also hatte sich Giraud Gedanken gemacht, was beim Autoverkauf eigentlich wichtig war. Er stellte fest, dass es dabei in erster Linie gar nicht um das Auto, sondern um das Gefühl des Kunden geht. Wenn ich die Gefühle des Kunden kenne, muss ich nicht unbedingt im Salon stehen, um ein Auto zu verkaufen. Ich muss dem Kunden nur das richtige Gefühl verkaufen.
Daraufhin sparte sich Giraud seine Aufenthalte im Verkaufssalon und konzentrierte sich darauf, wie er Kunden zufrieden und glücklich machen konnte. Primär über kalte Kontakte fand das Verkaufsgenie die Sensoren seiner Kunden heraus und betreute sie dementsprechend. So wurde er schließlich zum erfolgreichsten amerikanischen Autoverkäufer. Ein Mann, der weiß, dass ihm ein absolut zufriedener Kunde derart viele weitere Kunden bringt, dass er für hohe Verkaufszahlen gar keine aufwendigen Marketing-Aktivitäten mehr benötigt.
Aus dieser Erfahrung stellte Giraud folgende Regel auf: Im Prinzip bringt Ihnen ein zufriedener Kunde 250 weitere Kunden. Wieso gerade 250? Weil der durchschnittliche Amerikaner 250 Einladungen ausspricht, wenn er heiratet, und genauso viele Todesanzeigen nach seinem Ableben verschickt werden. Und genau

um diese 250 Personen seines engeren Umfeldes geht es. Stellen Sie einen zufrieden und er wird in den nächsten 20 bis 30 Jahren 250 weitere Käufer bringen. Man kann davon ausgehen, dass in den ersten 12 bis 18 Monaten zwischen 10 und 25 Kunden, abhängig von der Branche und dem Neu-Effekt des Produktes, angeworben werden.
So gesehen ist Marketing heute kaum noch nötig, viel wichtiger ist es, dass Sie sich ganz intensiv auf die paar wichtigen Kunden konzentrieren, die Sie haben, um ihnen zwei Gefühle zu vermitteln: erstens das Selbstdarstellungs-Gefühl – „Everybody is a star" – und zweitens das Kundenmehrwert-Gefühl. Geben Sie dem Kunden einerseits das Feeling, dass er der Wichtigste ist, einfach der Star auf Ihrer Bühne. Und lassen Sie ihn andererseits mit dem Empfinden aus Ihrem Geschäft gehen: Das war es wert. Kundenmehrwert darf allerdings nicht mit Preis verwechselt werden. Daher ein paar Beispiele zum besseren Verständnis: Wir alle kennen die Situation im Urlaub, wo wir mehr Geld für etwas ausgeben als zu Hause. Und warum? Weil das Ambiente, das ganze Drumherum stimmt und wir sagen, das ist es wert, das gönn ich mir. Ein noch besseres Beispiel: Wir gehen aus einem Restaurant und finden, dass es dort wunderschön war. Aber unser Gehirn signalisiert uns, dass der Besuch unglaublich teuer war. Dann plötzlich kommt aus dem Magen ein wohliges Gefühl und bestätigt uns: Aber es war es wert. Die Empfindung des Kundenmehrwerts resultiert also aus einer Stimulanz und hat nichts mit den effektiven Kosten zu tun. Denn ein geringer Kostenaufwand kann trotzdem ein schlechter Preis sein, dann nämlich, wenn der Kunde das Gefühl hat, es war zwar billig, aber die Sache trotzdem nicht wert.
Sobald Sie Ihrem Kunden diese beiden Gefühle optimal vermitteln, wird er die 250er-Regel erfüllen.
Ergänzend ist zu erwähnen, dass sich die 250er-Regel im Negativen weitaus gravierender zeigt als im Positiven. Ein total vergrämter, völlig unzufriedener Kunde, bei dem das Reklamations-Management nicht funktionierte, weil man falsch reagierte, vermittelt die Bad News, die schlechte Nachricht, ebenfalls an 250 Personen, nur diesmal braucht es nicht 20 bis 30 Jahre, sondern es könnte schon innerhalb von drei Jahren so weit sein. Der Auf-

bau nach der 250er-Regel dauert somit wesentlich länger als der Abbau.
Viele Kaufleute und auch Manager wissen demnach nicht, welch schwer wiegenden Fehler sie begehen, wenn sie einen Kunden aus irgendeiner Kleinigkeit heraus verärgern. Bedenken Sie immer, welche Umsätze ein treuer Kunde im Laufe seines Lebens bringt und in welchem Verhältnis das „Reklamations-Geschenk" steht, das heißt, selbst ein im Moment hoch erscheinender Betrag, den Sie dem Kunden vergüten, macht sich auf Sicht bezahlt. Großzügigkeit muss so gesehen im Reklamations-Management an erster Stelle stehen. Abgesehen davon ist zu bedenken, dass manche Menschen die Reklamation nur brauchen, um sich bemerkbar zu machen, um anerkannt zu werden. Sobald Sie Ihrem Kunden die nötige Aufmerksamkeit und das Selbstdarstellungs-Gefühl schenken, werden Sie auch keine Reklamationen mehr haben.
Ganz logisch, werden Sie jetzt sagen, und auch ganz natürlich. Denn wer wäre nicht gern ein Star? Oder wird zumindest gern wie einer behandelt. Sicher kennen Sie folgende Situation aus eigener Erfahrung: Der Besitzer eines Geschäftes, in dem Sie regelmäßig einkaufen, rollt den roten Teppich vor Ihnen aus, sobald Sie eintreten. Er begrüßt Sie mit Ihrem Namen, bedient und berät Sie persönlich, macht Ihnen Komplimente, verstrickt Sie in eine ganz persönliche Unterhaltung, bietet Ihnen vielleicht sogar ein Glas Sekt an, ja, er behandelt Sie eben wie einen Star. Ein gutes Gefühl, nicht wahr? Und Hand aufs Herz, gehen Sie nicht vor allem deswegen gerade dort so gerne einkaufen? Und nicht unbedingt, weil die Auswahl um so viel größer oder besser ist als anderswo. Und schon gar nicht der Preise wegen. Denn die sind im Kaufhaus um die Ecke um einiges niedriger. Aber Sie bekommen ja bei jedem Einkauf Prozente. Weil Sie dem Besitzer lieb und teuer sind. Eben ein ganz besonderer Kunde. Selbst im Falle einer angebrachten Reklamation werden Sie wahrscheinlich darauf verzichten. Weil Sie nicht kleinlich sein wollen – schließlich ist man ja auch Ihnen gegenüber nicht kleinlich, ganz im Gegenteil.
1986, als ich das erste Mal von John Girauds Erkenntnis hörte, begann ich mich mit diesem Phänomen zu beschäftigen und habe

daraus die 250er-Regel abgeleitet. Seither beobachte ich dieses Phänomen sehr genau und finde immer wieder seine Bestätigung. Den besten Beweis lieferte mir das Hotel Delano in Miami. In einer sehr, sehr schlechten Gegend, eigentlich im Glasscherben-Viertel von Miami Beach, wurde ein besonders ausgefallenes Hotel von Philippe Starck errichtet. Das Haus trug weder die Aufschrift Hotel noch den Namen Delano. Immer, wenn ich jemanden dorthin schickte, sagte ich einfach: „Das ist das weiße Gebäude mit den riesigen, weißen Vorhängen." Was war der Effekt dieses Hotels? In einer so schlechten Gegend einen Preis zu verlangen, der schon damals um ein Dreifaches über dem Durchschnitt lag, war recht mutig. Aber es war schlichtweg faszinierend. Alles war völlig anders, als man es bisher von einem Hotel kannte. Der Wow-Effekt war so gewaltig, dass ich, obwohl ich nur 100 Kilometer nördlich wohne, immer wieder dazu verführt wurde, Kurzurlaub in Miami Beach zu machen. Außerdem hatte ich persönlich nicht nur den 250er-Faktor erfüllt, sondern in nur eineinhalb Jahren über 250 Personen hingebracht, schon allein weil ich als Trendforscher immer wieder mit Riesengruppen dort auftauchte. Und die Quintessenz? Das Delano wurde rasch ziemlich erfolgreich, war trotz der extrem hohen Preise immer ausgebucht und ich musste dankbar sein, wenn ich ein Zimmer bekam. Die Mundpropaganda hatte also bestens funktioniert – in einer Zeitspanne von nicht einmal drei Jahren. Und der nächste Effekt? Rund um das Delano entstanden neue Hotels, die Gegend wurde zunehmend aufgewertet, bis sich schließlich sogar eine große Hotelkette dort niederließ. Was für mich bedeutet, dass damit das Ende des Delanos gekommen ist. Denn jetzt taucht dort das gewöhnliche Volk in Massen auf, während die Beautiful People ausbleiben. Der Wow-Effekt ist weg. Keine Besuche von meiner Seite mehr und kein Weiterempfehlen.
Das Prinzip der 250er-Regel wurde übrigens von allen Struktur-Vertrieben genützt. Mitbegründer dieser Vertriebsart ist sicherlich Tupper Ware, daneben gibt es auch Amway und viele andere Firmen, die dieses System nützen. Das Prinzip ist einfach: Jeder Verkäufer ist relativ erfolgreich, solange sie oder er im engeren, also im 250er-Kreis tätig ist, weil es sich dort um den Verwandten- und Bekanntenkreis handelt, wo das Verkaufen re-

lativ einfach ist. Sobald diese Erde verbrannt ist, wird es schwierig, weil es sich nun um rein kalte Kontakte handelt. Dann muss der „Mitarbeiter" des jeweiligen Vertriebes wie jeder andere Vertreter auch agieren, bei völlig fremden Menschen anrufen oder an ihrer Tür läuten. Das Geheimnis solcher Struktur-Vertriebe lautet demnach: Konzentrieren Sie sich im Verkauf auf den warmen Kreis, sprich 250 Leute, an die Sie leicht verkaufen können, und dann lassen Sie die anderen für sich arbeiten.
Wenn Sie also ein erfolgreiches Konzept oder Unternehmen anstreben, müssen Sie sich immer die Frage stellen: **Löst das, was ich sage, präsentiere, vorlege oder mache, den Wow-Effekt aus?** Sie können den Test auch in einer kleinen Gruppe von zehn Personen machen, vor der Sie Ihre Rede halten oder der Sie Ihr Konzept präsentieren. Wenn von diesen Leuten sechs bis sieben den Wow-Effekt zeigen, wissen Sie, dass Ihr Projekt erfolgreich sein wird.

## DER MEGA-FAKTOR – IMMER SCHÖNER, IMMER GRÖSSER, IMMER BESSER!

Unsere schnelllebige Zeit zeichnet sich dadurch aus, dass alles nur noch durch Superlative übertroffen werden kann. Gehen Sie beispielsweise heute noch in kleine Schachtelkinos oder nur mehr in Multiplexe? Ich glaube, dass Sie übermorgen gar keine Multiplexe, sondern nur noch Megaplexe besuchen werden. Ich selbst bin sogar noch einen Schritt weiter, ich plane bereits das Movietainment. Heute geht also alles schon so schnell, dass die Investitionen auf dem Markt kaum noch amortisierbar sind.
Was bedeutet diese Situation und worauf ist sie zurückzuführen? Der Kunde von heute ist zu einem relativ untreuen Surfer zwischen Megawelten geworden. Früher war er das nur in bestimmten Bereichen, wie etwa Diskotheken und Nachtclubs, wo er ohne Skrupel von seiner Stammdiskothek zur schöneren, besseren wechselte, die gerade eröffnet wurde. Heute verhält sich der Kunde in allen Bereichen so.
„Mega" und größer sind also wichtige Faktoren, die auf den Kun-

den Eindruck machen und für ihn zählen. Ist etwas klein, kann es noch so gut sein und wird trotzdem auf Dauer nicht gegen das ganz Große bestehen – denn der Kunde läuft den Mega-Trends nach. Ein sehr gutes Beispiel dafür ist der Film „Titanic". Zu welchem Ergebnis kommt man, wenn man diesen Streifen ganz nüchtern und unter allen Gesichtspunkten analysiert? Was war der Effekt dieses Monsterschinkens? Er war der teuerste Film aller Zeiten, der das ursprüngliche Budget weit überschritt. Dazu kam, dass alle diese Umstände entsprechend publiziert wurden. Und weil man diese Mega-Komponenten schon vorverkaufte, wurde er tatsächlich zum – derzeit – erfolgreichsten Film aller Zeiten.

Wenn ich heute vor etwas warne, dann vor Mittelmäßigkeit. Wollen Sie etwas Neues auf den Markt bringen, machen Sie es groß, machen Sie es „mega". Und das setzt voraus, dass Sie groß denken! Think big! – über den eigenen Schatten, das eigene Tal, die eigene Landesgrenze hinaus. Wenn wir von Globalisierung sprechen, müssen wir auch interkontinental denken können.

Ich glaube, diese Denkweise ist eine der großen Stärken der Amerikaner gegenüber den Europäern. Ein Amerikaner beginnt heute ein Geschäft, und selbst im One-Man-Business denkt er schon an die Potentiale und Möglichkeiten, die es auf dem Markt gibt. Denn er hat gelernt, über die Grenzen hinaus zu denken, er spricht bereits von Expansionen nach Europa, obwohl er in den USA noch nicht einmal über einen Bundesstaat hinaus ist. In Europa fehlt meist das große Denken, der Mut für ordentliche Expansionen. Das Hauptproblem hier liegt im kleinkarierten Denken.

An und für sich liegt es jedoch in der Natur des Menschen, ständig nach Neuem zu streben. Das, was wir gestern erreicht haben, ist uns morgen schon wieder zu wenig. Eine Eigenschaft, die mitunter auch gefährlich werden kann. Denn unbegrenzter Drang nach Expansion, nach ganz oben, kann auch zu einem unerwarteten Debakel führen.

Daher rate ich in solchen Fällen einen Expansions-Manager zu finden, der schon mindestens zwei Niederlagen hinter sich hat, weil er einen dritten Absturz kaum produzieren wird. Wenn Sie zum ersten Mal, ohne jede Erfahrung, expandieren, könnte es nämlich leicht passieren, dass Ihr erster Absturz gleichzeitig Ihr letzter sein wird.

## DER LEBENSZYKLUS EINES PROJEKTES

Wichtig ist in Verbindung mit dem Faktor Ausdauer auch der Lebenszyklus eines Projektes beziehungsweise Produktes, der sich aus fünf Phasen zusammensetzt: der Babyphase, der Aufstiegsphase, der Starphase, der Cash-Cow-Phase und der Schrottphase. Die **Babyphase** steht für die Entwicklung neuer Ideen und Produkte, in der Aufstiegs- oder auch **Starlet-Phase,** wie ich sie nenne, weil ich sie gerne mit dem Showbusiness in Hollywood vergleiche, verursacht das Produkt zwar immer noch Kosten, man kann aber schon deutlich erkennen, dass Potential vorhanden ist. In der obersten, der **Starphase** muss ich für das Produkt kaum noch werben oder es promoten. Diese Phase geht über in die **Cash-Cow-Phase,** in der aus dem Unternehmen möglichst viel herausgeholt wird. Ich neige allerdings dazu, meinen Kunden zu raten, sich zu diesem Zeitpunkt bereits von ihrem Produkt zu trennen und den Verdienst rechtzeitig in neue Babys zu investieren. Denn letztendlich gibt es auch noch die **Schrottphase.**

### Steigen Sie rechtzeitig aus

Leider versuchen viele Unternehmer ein Produkt, das sich in der Cash-Cow-Phase, also eigentlich schon am absteigenden Ast, befindet, zu verändern. Das scheint mir absolut verrückt, weil eine Modifikation nur Kosten verursacht, aber kaum eine oder gar keine Verlängerung des Erfolges bringt. Die Kosten stehen in keinem Verhältnis zum Ertrag. Es gibt daher nur einen sinnvollen Weg: Betrachten Sie ein Produkt oder auch ein Konzept unter dem Aspekt des Lebenszyklus, steigen Sie rechtzeitig ein – natürlich würde jeder am liebsten in die Starphase einsteigen, aber man muss heute den Mut haben, mit der Babyphase zu beginnen –, ziehen Sie das Baby konsequent zum Star hoch und steigen Sie rechtzeitig wieder aus. **Natürlich neigt der Mensch aus**

**Gier dazu, die Cash-Cow-Phase bis zum Letzten auszunützen. Doch dann ist der Absturz besonders schmerzhaft.** Denn das Risiko, dass die Erfolgskurve rapide nach unten geht und man dann keinen Käufer mehr findet, ist einfach zu hoch. Daher mein Rat: Pushen Sie den Cashflow auf das Maximum, denn daraus errechnet sich ja auch der Ertragswert, und verkaufen Sie das Unternehmen, wenn es am besten dasteht. Zusätzlicher positiver Faktor dabei: Sie haben eine gute Nachrede. Denn Käufer, die noch ein, zwei positive Cashflow-Jahre erleben dürfen, sprechen von einem guten Produkt und suchen den Fehler, sollte das Geschäft nicht mehr florieren, eher beim eigenen Management als beim Verkäufer – während der Käufer, dessen Produkt oder Unternehmen sofort abstürzt, den Fehler nie auf sich selbst zurückführen wird, selbst wenn er bei ihm liegt. Und es gibt nichts Schöneres für den Verkäufer, als bekannt dafür zu sein, gute Unternehmen verkauft zu haben. Dann wird er nämlich immer wieder problemlos Käufer finden.

**Anders als alle anderen**

Interessanterweise konnte ich häufig feststellen, dass die meisten Unternehmer dann auf eine Lebenszykluswelle aufspringen, wenn sie bereits auf dem Markt bekannt ist. Diese Haltung ist natürlich in gewisser Weise zu verstehen, weil sie gerade durch Banker und andere Geldgeber ausgelöst wird, die am liebsten Dinge finanzieren, mit denen es bereits Erfahrungswerte gibt. Wenn ich zurzeit beispielsweise die Multiplex-Kinos betrachte, weiß ich, dass jeder Finanzier daran interessiert ist, in dieses Geschäft einzusteigen. Und doch versuche ich bereits seit zwei Jahren, Bankern klarzumachen, dass jede derzeitige Investition in solche Unternehmungen in zukünftige Probleme führt. Warum? Sobald ein Produkt bekannt und erfolgreich ist, versuchen unglaublich viele Menschen, dieses Produkt zu kopieren und damit in den Markt einzudringen, sodass über kurz oder lang das Angebot die Nachfrage weit übersteigt. Es entsteht also eine Übersättigung des Marktes, die oft zu Trendverschiebungen führt. **Das große Kunststück ist es, in Trends und Innovationen dann einzusteigen, wenn sie zwar auf dem Markt noch nicht bekannt sind, sich aber bereits deutlich ablesen lässt, dass die**

**jeweilige Konzeption in Zukunft gefragt sein könnte. Und genauso wichtig ist es, schon dann auszusteigen, wenn alle anderen einsteigen.**
„Triple A" ist mein diesbezüglicher Lieblingsbegriff: „Anders als alle anderen." Die alte Weisheit, die man von der Börse kennt, „Sell on good news and buy on bad news", wird eigenartigerweise bei der Realisierung neuer Unternehmenskonzepte nicht befolgt. Die Menschen lieben es, in Konzepte zu investieren, die auf dem Markt bereits bekannt sind. Für mich gibt es da einen alten und immerzu sicheren Indikator: Sobald über Erfolgskonzepte in der Presse berichtet wird, sollte man in diese Projekte nicht mehr investieren. Denn spätestens dann beginnen alle sie zu kopieren.

## DIE DREISTUFEN-REGEL, UM MIT FEHLERN RICHTIG UMZUGEHEN

Irren ist menschlich und Fehler gehören zum täglichen Leben. Trotzdem, oder vielleicht gerade deshalb sollten Sie lernen, richtig damit umzugehen. Auch mit den Fehlern anderer. Oder glauben Sie, immer richtig zu reagieren – sei es nun im Tonfall oder Ihrer Vorgangsweise –, wenn jemand etwas falsch gemacht hat und Sie es ausbaden müssen?
Vielleicht wird es Ihnen in Zukunft leichter fallen, die Fehler anderer zu akzeptieren, wenn Sie sich an folgende Regel halten. Eine Regel, die ich im Laufe meiner Zusammenarbeit mit Menschen verschiedenster Nationalitäten und Branchen aufgestellt habe und nach der ich strikt vorgehe, sobald etwas schief läuft. Meinen Umgang mit Mitarbeitern, denen ein Versehen, ein Irrtum oder auch ein schwerwiegender Missgriff passiert, habe ich in drei Stufen eingeteilt. Und die sehen folgendermaßen aus: Auf **Stufe eins** gehe ich grundsätzlich davon aus, dass ein Fehler, ganz egal wer dafür zuständig ist, zuerst einmal mir anzurechnen ist. Aufgrund meiner zahlreichen Misserfolge sollte ich nämlich schon alles kennen und wissen, sodass ich dem anderen zeigen kann, wie er es richtig macht. Da ich dies aber offensichtlich ver-

absäumt habe und etwas falsch gelaufen ist, gehört der Fehler auf Stufe eins immer mir.
Die Aufgabenstellung von **Stufe zwei** lautet für mich nun, folgende Frage zu klären: Geschah der Fehler, weil der andere nicht kann oder weil er nicht will? Sollte er nicht können, muss ich meine gesamte Kraft dafür aufwenden, ihm zu helfen, damit er lernt und es später besser macht. Wenn er aber nicht will, muss ich ihn mit aller Kraft auf Stufe drei führen. Passiert auf Stufe zwei derselbe Fehler ein weiteres Mal, ist es immer noch meine Schuld. Entweder war ich bei meiner Hilfestellung für den anderen nicht gut genug oder ich war bei der Analyse seiner Stärken und Schwächen nicht gründlich genug. Meine Handhabung auf **Stufe drei** ist dann aber ganz simpel. Es ist mir nun ganz egal, ob der Schuldige etwas falsch gemacht hat, weil er nicht wollte oder nicht konnte, ich feuere ihn. **Denn kein Mensch, der dreimal nacheinander den gleichen Fehler gemacht hat, darf neben mir weiterarbeiten.**

## DIE DISKONTINUITÄTS-ANALYSE

Bei der Diskontinuitäts-Analyse handelt es sich um ein Instrumentarium, das ursprünglich von Faith Popcorn, der führenden amerikanischen Trend- und Verhaltensforscherin, entwickelt wurde. Nachdem ich mich jahrelang intensiv damit beschäftigt hatte, arbeitete ich dieses Instrumentarium weiter aus und untermauerte es mit einer mathematischen Systematik. Dadurch ist es mir möglich, für Trends, Konzepte, ja sogar Kinofilme die Akzeptanz auf dem Markt vorauszusagen. Mit anderen Worten, man kann heute mathematisch relativ genau berechnen, ob ein Konzept aufgeht oder nicht – vorausgesetzt, man kennt die Formel und die dafür notwendigen Faktoren. Die zur Berechnung nötigen Faktoren möchte ich allerdings auch in diesem Buch nicht preisgeben, weil ich mir als Unternehmensberater diese Monopolstellung behalten möchte.

## DIE A-B-C-ANALYSE

Bei der A-B-C-Analyse handelt es sich um ein betriebswirtschaftliches Instrumentarium, mit dem man in der Warenwirtschaft schon seit vielen Jahren arbeitet. Man stellte fest, dass man mit so genannten A-Artikeln, die nur 20 Prozent aller verkauften Artikel ausmachten, 80 Prozent des Umsatzes erzielte, während man mit den B- und C-Artikeln, die mit 80 Prozent ja den Großteil der verkauften Waren darstellten, nur lächerliche 20 Prozent des Umsatzes erzielte. Was im Klartext bedeutet, dass man mit B- und C-Artikeln seinen Umsatz nur marginal erhöht, während die Kosten aufgrund der überproportionalen Menge drastisch steigen – also kein sinnvolles Geschäft!

Während meiner Studienzeit war ich mit Theo Albrecht sehr gut befreundet, sodass ich durch ihn dieses Prinzip in der Praxis kennen lernen konnte. Sein Vater und sein Onkel machten, auf diesem Grundsatz aufbauend, aus einem herkömmlichen Lebensmittelgeschäft einen Lebensmittelkonzern, den man heute nicht nur in Deutschland, sondern in vielen Ländern der Welt wieder findet. Aldi in Deutschland und Hofer in Österreich etwa gehören in das Haus der Familien Albrecht. Mit dem Prinzip der A-B-C-Analyse machten die beiden Albrecht-Brüder das Discount-Prinzip marktfähig, das systematisch von vielen anderen Branchen übernommen wurde. Am konsequentesten haben, meiner Meinung nach, bisher diverse Drogerie-Discounter dieses Prinzip realisiert. Wenn auch nicht so konsequent wie Theo Albrecht senior mit Aldi Nord. Er hat sein Sortiment in den letzten vierzig Jahren kaum vergrößert. Nach wie vor konzentriert er sich auf seine A-Artikel und ist damit unglaublich erfolgreich.

## DIE „GE-BE"-KUNDEN

Genuss- und Bescheidenheits-Kunden, eine Art von Kunden, wie sie schon seit zehn Jahren auf dem Markt anzutreffen sind, sind heute auf Genuss und morgen auf Bescheidenheit aus. Das heißt, der Kunde wechselt ständig seine Einstellung zum Geld. Heute wirft er es zum Fenster hinaus und gönnt sich jede Art von

Genuss und Selbstdarstellung, morgen zieht er sich zurück, lebt besonders sparsam und bescheiden. „Ge-Be"-Kunden, die sich deutlich von den „Schablonen"-Kunden früherer Zeiten unterscheiden, sind heute am Markt prozentuell am stärksten vertreten. Der Genuss- und Bescheidenheits-Kunde zeichnet sich auch durch völlig neue Wertvorstellungen aus und ist in jeder Hinsicht in seinem Verhalten sehr sprunghaft. Er ist schwer zu manipulieren, der Job muss ihm Spaß machen, der Verdienst spielt dabei keine große Rolle. Er trägt ein Kaschmir-Sakko zu billigen Jeans, geht im Smoking zu McDonald's und in Turnschuhen in die Oper. Heute trinkt er Wodka und morgen Milch. Der „Ge-Be"-Kunde lässt sich eben in keine Schablone pressen.

## SENSOREN UND REIZSTIMULATOREN, KAUFREIZPHASEN

Wir glauben, dass der Kaufakt zum größten Teil über das Gehirn erfolgt. Doch Tatsache ist, dass Kaufentscheidungen nur zu 15 Prozent über das Gehirn gesteuert werden und zu 85 Prozent über die Sensoren, also aus dem Bauch und aufgrund geschickter Stimulierung. Wenn ich einen Kunden akustisch, visuell oder auch mittels Gerüchen verführe, kann ich sein Kaufentscheiden damit weit mehr beeinflussen, als es das Gehirn tut. Im Gehirn wird nur über eine ganz nüchterne Sache entschieden, und das ist der Preis. Mit zunehmender Stimulanz verliert der Preis aber relativ an Bedeutung.

Waren können mitunter so positioniert sein, dass der Kunde einfach nicht bereit ist, sie zu kaufen. Und Verkäufer versuchen oft noch ein Produkt an den Mann oder die Frau zu bringen, wenn der Kaufakt bereits abgeschlossen ist. Im Klartext bedeutet dies Folgendes: Sie gehen auf Einkaufsbummel in ein großes Shopping-Center. Sie sind richtig kauflustig, Sie wollen sich eine Freude machen. Also kaufen Sie auch einiges. Bis zu einem bestimmten Zeitpunkt – auf den Zeitfaktor möchte ich nicht genauer eingehen, sondern ihn als eines meiner Geheimnisse behalten –, dann lässt Ihre Freude am Einkaufen drastisch nach. Irgendwann schlägt Ihr Gefühl sogar ins Negative um, Sie bedauern Ihre ursprüngliche Kaufwut und würden am liebsten wieder einiges zurückgeben. Manche Menschen tun das sogar, sofern es möglich ist. Vielleicht haben Sie in einem großen Supermarkt selbst schon einmal etwas vor der Kasse wieder aus Ihrem Einkaufswagen genommen, weil Sie es nicht mehr wollten. Jetzt wissen Sie, warum. Sie haben den gewissen Zeitpunkt der Kaufreizphase überschritten.

## TRIAL AND ERROR

Bei der „Trial and error"-Methode handelt es sich um eine Umsetzung von Konzepten und Ideen, bei der folgendermaßen vorgegangen wird: Man probiert grundsätzlich etwas Neues aus und lernt dann aus möglichen Fehlern. Man konzentriert sich in diesem Fall weniger auf analytische, gründlich durchdachte Vorgangsweisen, sondern handelt eher impulsiv. Man könnte auch sagen, dass die Entscheidung dabei mehr aus dem Bauch getroffen wird als aus dem Kopf. Natürlich ist der Misserfolgsfaktor bei der „Trial and error"-Methode wesentlich höher als bei herkömmlichen Methoden und setzt daher nicht nur eine große Risikobereitschaft, sondern auch sehr viel Geld und Verständnis voraus. Wenn ich an Richard Branson und einige seiner Ideen und Konzepte denke, vermute ich, dass er viele seiner Entscheidungen nach dieser Methode traf und dadurch neue Erkenntnisse gewann, die er später als Bestandteil der analytischen Vorgangsweise für andere Konzepte einsetzte.
Was wäre unsere Welt heute ohne die vielen Menschen, die die „Trial and error"-Methode manchmal sogar an sich selbst ausprobierten und dabei nicht selten ihr Leben aufs Spiel setzten. Die Menschheit verdankt diesen Mutigen viele Entdeckungen, zum Beispiel wichtige Medikamente, von denen wir heute alle profitieren. Oder denken wir an die Abfallprodukte diverser Forschungen, aus denen sich führende Produktlinien entwickelten. Rohöl etwa wurde ursprünglich zur Beleuchtung verwendet, heute macht man daraus Treibstoff. Und wie war das mit Christoph Kolumbus? Eigentlich wollte er nach Indien, um von dort

Gewürze nach Europa zu bringen. Doch er war fest davon überzeugt, dass es einen besseren Weg dorthin geben müsse als den bekannten rund um Afrika. Also machte er sich in der entgegengesetzten Himmelsrichtung auf den Weg und landete in Amerika, oder besser gesagt entdeckte Amerika. Das war 1492. Hätte er diesen Versuch (trial) nicht gewagt, hätte er auch keinen Fehler (error) gemacht. Die Entdeckung Amerikas ein Fehler? Unsinn! Sie sehen also, ein Versuch kann sich mehr als bezahlt machen. Die Entdeckung Amerikas brachte Spanien nicht nur neue Kolonien, sondern auch das Gold der Inka, wofür sich Spanien unter anderem viele Gewürze aus Indien kaufen konnte.
Mich persönlich reizt die „Trial and error"-Methode immer sehr, weil sie mir neue Blickwinkel eröffnet und mich flexibel hält. Ich habe mit Hilfe dieser Methode meine besten Konzepte entwickelt. Obwohl die Zahl meiner Kritiker anfänglich immer besonders groß ist. Doch ich gewinne damit einen Know-how-Vorsprung, der schließlich alle negativen Faktoren deutlich aufwiegt.
Wahrscheinlich habe ich die „Trial and error"-Methode in den USA lieben gelernt, wo man meistens nach dem Motto „Let's do it" vorgeht. Die Menschen dort handeln einfach impulsiv, bei uns nennen es viele unüberlegt. Ich bin allerdings der Meinung, dass die heutigen Manager motiviert, wenn nicht sogar dazu aufgefordert werden sollten, neue Wege zu gehen. Wie es Unternehmer und Industrielle schon zur Jahrhundertwende oder in den Nachkriegsjahren taten, als sie sich nicht über mögliche Misserfolge den Kopf zerbrachen, sondern darüber, wie sie schnell neue Wege gehen konnten. Sie wollten eben etwas unternehmen – und wurden darum der Bezeichnung Unternehmer auch gerecht. Wenn ich mir heute die Zurückhaltung und das Hinterfragen neuer Projekte und Wege ansehe, wundere ich mich, wo die Unternehmer von damals geblieben sind. Könnte es sein, dass nur Unternehmer, die Erfolg oder Misserfolg persönlich betrifft, für Unternehmen geeignet sind? Während sich Manager vielleicht doch zu sehr auf das Management ihrer eigenen Karriere und ihrer persönlichen Vorteile konzentrieren und Unternehmen von Glück reden können, wenn sich das Ziel des Managers mit dem des Unternehmens deckt. Weil dieser dann auch mehr

wie ein Unternehmer reagiert – risikofreudiger und weniger vorsichtig. Bestimmt würden Manager öfter den Weg der „Trial and error"-Methode einschlagen, wenn ihnen das Unternehmen selbst gehörte. Natürlich soll das nicht heißen, dass ich die Enteignung der Aktionäre durch Manager fordere, aber wir sollten uns unbedingt über neue Modelle der Einbindung von Managern in Unternehmen den Kopf zerbrechen. Damit die „Trial and error"-Methode und somit das wahre Unternehmertum gefördert wird. Dafür ist es meiner Meinung nach höchste Zeit.

## DIE KAIZEN-METHODE

Kaizen heißt eine japanische Management-Methode, die sich mit der ständigen Verbesserung eines Arbeitsschrittes beschäftigt. Sollte man einen Verbesserungsschritt erzielt haben, wird er bereits wieder in Frage gestellt, man analysiert ihn, um ihn nochmals zu verbessern. Somit erfolgt eine ständige und permanente Verbesserung eines jeden Schrittes, bis der gesamte Ablauf optimal durchgeführt wird.

Kapitel 8

# ERFOLG UND FAMILIE

## FRAUEN UND MISSERFOLG

Dieses Kapitel möchte ich speziell allen meinen Leserinnen widmen, weil sie es nicht nur aus dem einen Grund, nämlich bessere Manager zu sein, verdienen, dass ich auf die Schwierigkeiten ihres Berufs- und Privatlebens näher eingehe.
Mir ist klar, dass ich mit diesem Abschnitt so manchen Mann ein wenig verärgern werde und bestimmt nicht alle Männer, in erster Linie die so genannten Machos, meiner Meinung sein werden. Aber versuchen Sie – als Mann von Welt, ohne Vorurteile und ohne Klischees – doch einmal ganz emotionslos und wertfrei an die Sache, pardon, an die Frau der heutigen Zeit heranzugehen, vielleicht geben Sie mir dann sogar Recht. Oder gehören Sie zu jener Gruppe von meist gut situierten, „mittelalterlichen" Geschäftsmännern, die Frauen folgendermaßen einschätzen: „Früher waren sie scharf auf uns, heute sind sie scharf auf unsere Jobs"?
Natürlich ist diese, im ersten Moment doch recht bösartig klingende Aussage nicht ganz von der Hand zu weisen, aber welcher tiefere Sinn steckt dahinter? Sahen Frauen vor noch gar nicht so langer Zeit ihre einzige Chance, reich und für ihre Begriffe gleichzeitig erfolgreich zu werden, darin, sich einen wohlhabenden Karrieremann zu angeln, lässt Mann in unseren Breiten es heute immer öfter zu, dass intelligente, tüchtige, fleißige Frauen beweisen dürfen, mindestens so fähig zu sein wie das „stärkere" Geschlecht.
Ja, mittlerweile ist allgemein bekannt, dass Frauen die besseren Manager sind. Bevor Sie diese Feststellung nun, entsprechend Ihrem Geschlecht, entweder vehement bestreiten oder kritiklos unterstreichen, gestatten Sie mir, Ihnen zu erklären, warum!

Ganz einfach, in der Regel verhalten sich Frauen auf ihrem Karriereweg viel nüchterner und weitaus zielorientierter als Männer. Frauen verfügen auch meist nicht über ein so stark ausgeprägtes Selbstdarstellungsgefühl wie ihre männlichen Konkurrenten. Eine Eigenschaft, wie wir sie aus dem Tierreich kennen, denken wir zum Beispiel an die Vogelwelt. Viele Vogelmännchen prahlen mit einem weitaus prächtigeren und bunteren Gefieder als ihre meist grauen Weibchen.
Ein oft recht ähnliches Verhalten können wir bei Menschen im Berufsleben beobachten. Speziell Männer im Alter zwischen vierzig und fünfzig, der beginnenden Midlife-Crisis, zeigen einen übersteigerten Drang zur Selbstdarstellung. Sie plustern ihr Pfauengefieder, schmücken sich mit einer Traumvilla, einem schnittigen Auto oder rasanten Motorrad, einer Yacht oder einem Flugzeug und vielem anderen, vor allem aber mit der Trophäe einer jungen Partnerin. Sie verschwenden viel Zeit, um mehr zu scheinen, als sie sind.
Alle diese Verhaltensweisen treffen auf Ihre Art der männlichen Darstellung überhaupt nicht zu? Nun, dann gehören Sie entweder zu den jüngeren Lesern, die mit den Ängsten der Midlife-Crisis noch keine Bekanntschaft gemacht haben, oder aber Sie machen sich selbst etwas vor! Bitte, verzeihen Sie mir, wenn ich Ihnen jetzt vielleicht zu nahe trete. Aber überlegen Sie einmal ganz ehrlich, betrachten Sie sich ganz objektiv und unvoreingenommen, so ist es doch, wir Männer sind doch alle große Selbstdarsteller. Na ja, ich verstehe Ihre Zurückhaltung gut, mir in diesem Punkt Recht zu geben. Dafür kann ich den Applaus aller Leserinnen förmlich hören. Wie wahr, werden Sie sagen, und solche Wahrheiten aus dem Mund, besser gesagt der Feder eines Mannes. Bravo!
Nun, was soll's! Mit meinen 47 Jahren gebe ich selbst ein ausgesprochen treffendes Beispiel ab. In jungen Jahren waren meine Mittel zur Selbstdarstellung eher gering. Das hat sich in der Zwischenzeit schon ganz schön geändert. Zurzeit überlege ich mir gerade, ob ich nicht meine Hauseinfahrt umbaue, um einen Ferrari unterzubringen. Realistisch gesehen muss ich mich natürlich fragen, wozu ich überhaupt einen Ferrari brauche. Ich fahre in meinem derzeitigen Auto nämlich bestimmt bequemer. Brau-

che auch ich immer mehr ein Schmuckgefieder zwecks Selbstdarstellung? Damit ich bei jungen Frauen besser ankomme? Wie auch immer, ich mache zurzeit jedenfalls alles, um mich bei ihnen als Beute möglichst attraktiv zu präsentieren. Nüchtern betrachtet muss ich zugeben, dass dies ein typisches Zeichen für die Midlife-Crisis ist, denn wenn ich logisch an die Sache herangehe, wäre es zweifelsohne klüger, mir eine gleichaltrige, reife Partnerin zu suchen, die über das geistige Potential verfügt, mein Erwartungsbild zu erfüllen. Trotzdem verhalte ich mich wie ein Jäger aus der Steinzeit, der sich mit jungen Federn zu schmücken versucht. Ja, ich gebe zu, das ist ein wenig lächerlich, oder traurig, aber ich bin mir dieses Verhaltensmusters zumindest bewusst. Dennoch halte ich daran fest. Vielleicht brauche ich in dieser Beziehung noch einen großen Misserfolg – in Gestalt eines jungen Mädchens, das es sich einige Jahre an meiner Seite sehr gut gehen lässt, um mir dann den Laufpass zu geben. Weil ein jüngerer Mann auf der Bildfläche erscheint, der zwar nicht so wohlhabend, aber eben jünger, attraktiver und für sie interessanter ist. Und ich der Frau in den besten Jahren dann zu alt geworden bin.

Natürlich weiß ich über solche Konstellationen genau Bescheid, schließlich bin ich in Palm Beach und an der Côte d'Azur mit genügend Beispielen konfrontiert worden. Ich konnte auch beobachten, wie groß der Schmerz jener verlassenen Sechzigjährigen war. Obwohl ich also heute schon ahne, was mich mit sechzig erwarten könnte, lasse ich mich dennoch auf dieses Spiel ein. Möglicherweise werde ich erst nach einem derart schmerzhaften privaten Misserfolg geläutert sein.

Aber zurück zu den Hauptfiguren dieses Kapitels. Frauen von Mitte vierzig ziehen ihre Karriere meistens ganz nüchtern durch, ohne Aufputz, ohne Statussymbole oder Trophäen. Sobald sie eine Entscheidung getroffen haben, stehen sie dazu und arbeiten beinhart an ihrer Realisierung. Auch im Privatleben habe ich immer wieder beobachtet, dass Frauen weitaus konsequenter agieren als wir Männer. Sobald sie sich beispielsweise zu einer Scheidung entschlossen haben, ziehen sie diese zielstrebig, manchmal sogar erbarmungslos, auch sich selbst gegenüber, durch. Während Männer gerne nach Alternativen unter dem

Motto: „Vielleicht könnten wir doch versuchen …" Ausschau halten. Und das hat wirklich nicht nur mit der finanziellen Belastung zu tun, die viele Männer nach ihrer Scheidung erwartet. Wie bitte? Sie geben mir Recht, denn Sie können aus eigener Erfahrung sprechen? Vielen Dank, dass Sie somit meine Theorie bestätigen, denn ich spreche in diesem Fall rein theoretisch beziehungsweise aufgrund von Beobachtungen im Freundes- und Bekanntenkreis.

Die Erfahrungen von Single-Männern sind großteils bestimmt auch auf allein lebende Frauen zu übertragen. Das heißt, Frauen ohne fixen Partner und ohne Kinder sind auf ihrem Erfolgsweg mit den gleichen Vor- und Nachteilen konfrontiert. Ganz anders liegt der Fall aber natürlich bei allein lebenden Müttern, bei denen das Kind oder die Kinder bis zu einem bestimmten Alter normalerweise oberste Priorität haben und die Mutter extrem beanspruchen. Erst mit zunehmendem Alter des Sohnes oder der Tochter wird der Freiraum der Mutter größer, ihre Verantwortung gegenüber dem erwachsen und selbständig werdenden Nachwuchs verringert sich, langsam bekommt sie die Freiheit der eigenen Jugend zurück und findet Zeit für eine Beschäftigung außer Haus.

Und wie die Erfahrung zeigt, sind gerade Frauen in diesem Alter die besten Manager. Ja, meine Herren, auch wenn Sie es nicht glauben wollen, es ist tatsächlich wahr – und allgemein bekannt: Frauen zwischen vierzig und fünfzig sind die besseren Manager. Ich nenne Ihnen auch gerne die Gründe dafür. Mütter mit erwachsenen Kindern, die ins Berufsleben zurückkehren oder erst damit beginnen, verfügen in der Regel über ein unglaubliches Durchsetzungsvermögen und konzentrieren sich voll und ganz auf ihre neue Aufgabe, den Beruf – mit viel Freude, Energie und Ausdauer.

Mit Recht werden Sie mich jetzt fragen, wieso gerade solche Frauen für den großen Erfolg prädestiniert sein sollen. Frauen, die womöglich noch gar nie im Berufsleben standen, also auch nicht die kleinste Chance auf Misserfolge hatten. Mit einer solchen Vergangenheit können sie doch gar nicht erfolgreich werden. Weit gefehlt, meine Herren. Denn den meisten Damen brauche ich bestimmt nicht zu erklären, mit welchen Niederlagen,

Rückschlägen und Tiefen sie in ihrem Leben bereits fertig werden mussten. Auch ohne Berufsleben.
Nehmen wir ruhig eine Klischeevorstellung als Beispiel: Ein junges Mädchen verliebt sich in einen Mann, der leider nicht hält, was er verspricht. Das Mädchen wird schwanger, der werdende oder junge Vater ergreift die Flucht. Das junge Ding ist auf sich selbst gestellt, muss sein Kind und sich selbst allein durchbringen. Ich glaube, nun erübrigt sich die Frage nach den Misserfolgen. Denn dieser eine Schicksalsschlag ist derart schwerwiegend, dass es keiner weiteren bedarf. Kein junger Mann ohne Bindung muss eine derartige Leistung vollbringen, auch nicht nach mehreren Misserfolgen. Und vergessen wir bitte nicht, dass wir in einer männlichen Gesellschaft leben, wo sich Männer von Haus aus wesentlich leichter durchsetzen können. Allein die Tatsache, eine Frau zu sein, schafft Hindernisse, die Männer nicht kennen. Und dann noch ein Kind, das betreut und versorgt werden muss. Und das über viele Jahre.
Daher gilt meine ehrliche Hochachtung allen allein erziehenden Müttern. Ja, es stimmt, ich als Mann muss neidlos zugeben, dass ich derartige Leistungen niemals zu vollbringen hatte. Mein Schicksal war es bisher, mit meinen Misserfolgen, und natürlich auch meinen Erfolgen allein fertig zu werden. Nur mir selbst gegenüber verantwortlich. Ich kenne aber nicht die Verantwortung für ein Kind.
Frauen mit einem solchen Schicksal sind für alles gerüstet. Und sie werden weder privat noch beruflich jemals wieder auf einen Wichtigtuer hereinfallen. Denn sie haben drei Dinge gelernt: mit einem Schicksalsschlag fertig zu werden, Verantwortung und Aufgaben in schwierigen Situationen zu übernehmen, und sich als Frau in jeder Situation durchzusetzen, sei es auf privater oder beruflicher Ebene. Also eigentlich immer und überall. Etwas, das ich von mir nicht behaupten kann. Weil ich trotz meiner Misserfolge derartige Erschwernisse nie kennen gelernt habe.
Mit Schwierigkeiten anderer Art, solchen nämlich, die aus der Steinzeit herrühren, haben es Karrierefrauen mit intakter Familie, also mit Mann und Kindern, zu tun. Denn Verhaltensweisen aus einer Zeit, wo die Menschen in Höhlen lebten und der Mann der erfolgreiche Jäger war, während die Frau auf seine Rückkehr

mit der Beute wartete, sind auch heute noch in vielen Kulturen vertreten. Aufgeschlossene Menschen unserer Gesellschaft können diese Denkweise natürlich nicht nachvollziehen. Aber betrachten wir beispielsweise die arabischen Länder. Es wäre dort für jeden Mann völlig unvorstellbar, nicht der Jäger zu sein. Die Frau darf ja womöglich nicht einmal allein aus dem Haus gehen. Oder denken wir an Amerika, das Land der unbegrenzten Möglichkeiten. Dort erwartet die Gesellschaft, dass der Mann der erfolgreiche Jäger und die Frau die Höhlenverwalterin ist. Oder wir bleiben in Europa. In der Schweiz wird es keiner Frau gelingen, im Banksystem Karriere zu machen. Warum? Weil eine Management-Karriere dort nur mit der entsprechenden Karriere im Militär möglich ist, Frauen aber im Schweizer Militär nicht zugelassen sind. Nicht weiter verwunderlich, würde ich sagen, wenn man bedenkt, dass in der Schweiz das allgemeine Wahlrecht für Frauen erst 1971 eingeführt wurde und im Kanton Innerrhoden etwa die Frauen erst vor neun Jahren zum ersten Mal wählen durften.
Bei solchen Überlegungen müssen wir ehrlich zugeben, dass wir uns vielleicht doch noch gar nicht so sehr von den Verhaltensweisen der Steinzeit entfernt haben. Tief im Innersten sind diese Verhaltensmuster bei vielen doch noch sehr präsent. Denken wir nur an die ungleiche Wertschätzung der Eroberungen beim jeweils anderen Geschlecht. Während ein Mann mit vielen Frauen als toller Kerl angesehen, ja bewundert wird, sieht Mann eine Frau mit vielen Affären in einem ganz anderen Licht.
Ein weiteres Beispiel dafür, wie stark das männliche Geschlecht immer noch vom ursprünglichen Höhlenverhalten geprägt ist: Männer, die im Auftrag ihrer Frauen im Supermarkt einkaufen, werden, falls sie das gewünschte Produkt nicht vorfinden, eine Alternative mit nach Hause bringen – die Beute eben. Sie erlauben es sich nämlich selbst nicht, mit leeren Händen heimzukommen. Frauen verhalten sich in diesem Fall völlig konträr. Sie haben kein Problem damit, ohne Beute nach Hause zu gehen, falls der von ihnen gesuchte Artikel gerade nicht erhältlich ist.
Und der Weisheit letzter Schluss? Damit ist bewiesen, dass es sich bei Logik und Sachlichkeit um keine männlichen, sondern hundertprozentig um weibliche Attribute handelt. Was wiederum

zeigt, dass Frauen die besseren Manager sind. Eine Meinung, mit der ich übrigens nicht allein dastehe, sondern die schon bei Popcorn oder Naisbitt nachzulesen ist. Letzterer hat außerdem behauptet, dass im nächsten Jahrtausend mehr Frauen als Männer im Top-Management sitzen werden.
Ich besetze schon heute Management-Posten an der Spitze am liebsten mit Frauen zwischen vierzig und fünfzig. Frauen, die es allein geschafft haben, sich mit ihrem Kind erfolgreich durchzubringen, und sich jetzt ganz ihrer Karriere widmen können. Solche Frauen werden nämlich weder Zeit noch Geld noch mein Unternehmen zur eigenen Selbstdarstellung missbrauchen.
Zur Vervollständigung dieses Kapitels möchte ich abschließend noch auf meine Co-Autorin zu sprechen kommen, eines meiner interessantesten Fallbeispiele. Ich lernte sie bei einem Telefon-Interview für einen Artikel in einem Fachmagazin kennen. Gegen Ende unseres Gesprächs, in dem ich ihr von meiner These „Erfolg durch Misserfolg" erzählte, scheute sie sich nicht, von ihren Schicksalsschlägen und Misserfolgen zu berichten. Ziemlich ungewöhnlich, denn in der Regel sprechen Menschen nicht gerne über ihre Niederlagen, schon gar nicht, wenn sie jemanden so gut wie gar nicht kennen. Das machte sie also schon interessant für mich. Nachdem ich dann ihr Buch „Kann denn Schönheit Sünde sein?" gelesen hatte, entschloss ich mich, mit ihr zusammenzuarbeiten. Und als ich sie schließlich persönlich kennen lernte, stellte ich fest, dass der Wiener Nihilismus auch an ihr nicht spurlos vorübergegangen war. Nur Österreicher, speziell Wiener, schaffen es, sich ihre eigene Karriere mit der „So geht das nicht"-Mentalität zu verbauen.
Doch schon nach unserem ersten Meeting konnte ich feststellen, wie die positiven Gedanken des Buches ihre Wirkung zeigten. Und dann auch auf die Probe gestellt wurden. Denn nachdem die Wienerin in ihre Heimatstadt zurückgekehrt war, versuchte sie die dortige Realität, der graue Alltag, wieder einzuholen. Bei den folgenden Arbeitstreffen kam es zwar noch zu einigen Auseinandersetzungen, einmal sogar fast zum Abbruch der Zusammenarbeit, doch das Gedankengut dieses Buches hat schließlich gesiegt. Und wird auch meiner Co-Autorin auf ihrem Karriereweg helfen. Am entscheidendsten für ihren großen Durchbruch

aber ist, dass diese Frau sämtliche oben genannten Kriterien erfüllt: allein erziehende Mutter mit erwachsenem Sohn, eine wirklich starke Persönlichkeit, auf dem Weg zum dauerhaften Erfolg.

## DER FAKTOR FAMILIE

Aufgrund meiner Arbeit auf allen Kontinenten und mit zahlreichen Kunden aus den unterschiedlichsten Branchen werde ich allein in einem Jahr mit weitaus mehr Situationen konfrontiert als manche Manager in ihrem ganzen Leben. Besonders interessant dabei sind für mich die Verhaltensweisen meiner Kunden in Krisensituationen. Die meisten neigen zur Resignation, wollen alles hinwerfen, sehen keine Zukunft mehr, sind auf jeden Fall schwer verunsichert. Solche Reaktionen beobachte ich allerdings hauptsächlich bei meinen männlichen Auftraggebern, während sich Frauen in schwierigen Situationen fast immer viel stärker zeigen. Sie hören dann auch auf das, was ich ihnen rate, und beweisen das nötige Durchhaltevermögen.
Derartige Symbiosen sind natürlich geradezu ideal, ich kenne aber auch die umgekehrten Fälle, wo sich familiäre Schwierigkeiten plötzlich auf das Geschäftliche übertragen. Dann ist der bisherige Erfolgskurs, der lange so aussah, als ob er niemals gefährdet wäre, mitunter ziemlich in Gefahr und ich muss mich in solchen Fällen als guter Berater natürlich auch um die Probleme im familiären Bereich kümmern.
Inwieweit lassen sich also Familie und große Karriere vereinbaren? Nun, ich muss zugeben, dass ich dafür nicht gerade die ideale Ansprechperson bin, weil ich selbst keine Frau und Kinder habe. Ich glaube auch nicht, dass ich mit einer eigenen Familie heute da wäre, wo ich tatsächlich stehe. Dennoch möchte ich es nicht ganz ausschließen.
Es gibt Unternehmen, die darauf bestehen, dass ihr Management ein solides Familienleben führt – klassisches Beispiel dafür wäre „Holiday Inn", wo eine Karriere spätestens mit der Scheidung endet. Natürlich muss ich zugeben, dass die Familie Rückhalt, Stärke und Kraft gibt, in der Regel verleiht sie einem Manager eine solide Basis und führt ihn auf ebensolchen Wegen. Der Verant-

wortungsdruck schränkt aber andererseits die Risikobereitschaft und Flexibilität eines Familienvaters ein, seine zunehmend traditionelle und klassische Denkweise lässt ihn dynamischen, innovativen Wegen gegenüber weniger aufgeschlossen sein. Und bei einem möglichen Arbeitstag von 16 Stunden würde der Manager auf Dauer seine Familie verlieren. Damit geht ihm aber auch seine große Stärke und Stütze verloren – nämlich sein familiärer Halt.

Meine Entscheidung fiel gegen eine solche Bindung aus, ich konzentrierte mich voll auf meine Karriere, aber auch auf die Vergnügungen des Lebens. Dennoch gab es immer wieder Frauen, die in ihrem eigenen Leben gebunden und selbst schwer beschäftigt waren, mir aber zu gewissen Zeitpunkten als Insel der Erholung und Ruhe zur Verfügung standen. Und was noch viel wichtiger war – als mein eigener Konsultant. Denn man steht oben oft sehr allein da, vor allem wenn Entscheidungen anstehen, die man nicht allein fällen möchte. Dann ist ein Lebenspartner, so er über die dafür nötigen Qualifikationen verfügt, ein sehr wichtiger Faktor.

Ich glaube dennoch, dass es wesentlich schwieriger ist, als verheirateter Mensch erfolgreich zu sein denn als Single. Meine Ausführungen berufen sich auf heute, mit Blick nach vorne, ich möchte nicht zurückschauen in eine Zeit, als die Werte noch anders gelagert waren. In der Vergangenheit war der Faktor Familie weitaus wichtiger. In dem hektischen Wirtschaftsleben aber, in dem wir jetzt stehen, wo Trends von heute morgen schon wieder Schnee von vorgestern sind, wo Veränderungen fast jedes halbe Jahr eintreten und sich nicht wie früher über Generationen oder Jahrzehnte erstrecken, ist die Flexibilität an oberste Stelle gerückt. Diese Bewegungsfähigkeit wird durch eine Familie allerdings eher behindert.

Ein Single braucht weder Frau noch Kinder zu befragen, ob er morgen seinen Standort spontan nach Japan verlegen darf oder nicht. Genauso kann er seinen Freundeskreis abrupt auflösen, um in Japan oder wo auch immer einen neuen zu finden. Als Ehemann und Vater muss ich nicht nur auf meinen Freundeskreis, sondern auch auf den meiner Frau und meiner Kinder Rücksicht nehmen. Als Einzelperson hingegen kann ich alles rücksichtslos zerschlagen und auflösen, falls nötig, denn es handelt sich dabei nur um mein Leben, für das ich Verantwortung trage.

Ich glaube, der Manager der Zukunft braucht einen Hafen der Geborgenheit, am besten in Form einer Frau, die ihm dieses Gefühl vermittelt. Ihr Leben sollte jedoch so sehr mit Aufgaben ausgefüllt sein, dass der Mann kein eigenes Beschäftigungsprogramm für die Frau an seiner Seite erfinden muss. Beide sind glücklich, wenn sie sich gelegentlich irgendwo auf der Welt treffen können, sei es auch nur für wenige Tage im Monat, an denen sie sich gegenseitig Kraft, Stärke und Freude schenken. Ich denke, dass solche Beziehungen auf Dauer am besten bestehen können.

In diesem Zusammenhang fällt mir ein wunderbares Beispiel ein, und zwar einer meiner Mitschüler auf Schloss Kleßheim, der eine großartige Karriere gemacht hat. Ich spreche von dem Österreicher Edgar van Omen, der kurze Zeit in der Hotelbranche tätig war, dann als Geschäftsführer in die Projektentwicklung des Sony-Centers in Potsdam wechselte und zwischen Japan, den USA und Berlin lebt. Er hat es geschafft, heute zur oberen Führungsebene von Sony zu gehören. Die Gründe dafür: Erstens war er von seinen Fähigkeiten und seinem Erfolg überzeugt, zweitens war er immer flexibel und konnte sich in neue Branchen hineindenken – er hat auch in den verschiedensten Ländern und Kulturen gelebt – und drittens hat er eine tolle Frau, die selbst sehr erfolgreich ist. Sie steht in einem ähnlich hektischen und stressreichen Leben wie ihr Mann und beide haben nur ab und zu die Möglichkeit, sich für kurze Zeit irgendwo auf der Welt zu treffen. Natürlich haben die beiden keine Kinder.

Genau diesen Zustand wünsche ich mir: eine Frau, mit der ich ohne Komplikationen, wie sie eine herkömmliche Ehe mit Kindern meist mit sich bringt, eine harmonische Verbindung lebe.

## FREUNDSCHAFTEN UNTER ERFOLGSMENSCHEN

Je höher man die Erfolgsleiter hinaufklettert, desto weniger Freunde hat man. Leuten, mit denen man intensiv und eng zusammenarbeitet, sollte man nicht vertrauen, denn man muss davon ausgehen, dass jeder den Stuhl haben möchte, auf dem man selbst sitzt. Großer Erfolg schafft viele Neider und gleichzeitig die Gefahr, verblendet zu werden. Daher finde ich es angebracht, jeden Menschen wissen zu lassen, ob man ihn für einen Freund hält oder nicht beziehungsweise ob man ihn zum Freund haben möchte oder nicht. Ich bin auch dazu übergegangen, meinen einst sehr großen Freundeskreis ziemlich stark zu limitieren.
Womit wir bei einem Phänomen angelangt sind, das hinlänglich bekannt ist. Im Falle einer schweren Niederlage, in der ein Mensch auf die Hilfe seiner Freunde angewiesen ist, sei es nun finanziell oder rein menschlich, wird er meistens feststellen, dass er keine Freunde hat. Ausnahmen bestätigen natürlich wie immer die Regel. Ich persönlich vertraue nur einem einzigen Menschen zu hundert Prozent, und das bin ich selbst. Natürlich gehören meine Eltern auch zu den Personen, denen ich absolut vertraue, aber ich muss da einfach differenzieren. Ich bewege mich oft in Bereichen, in denen mir mein Vater und meine Mutter nicht helfen oder nützen können, also kann ich auch manches Problem nicht mit ihnen diskutieren.
Es gibt verschiedene Gründe, warum ich manchmal mit niemandem über ein Problem sprechen kann, mit dem ich konfrontiert bin. Zum Beispiel Vertraulichkeitsgründe oder auch die Tatsache, dass es manchmal niemanden gibt, der sich schon jemals mit einem bestimmten Themenbereich beschäftigt hat.
Der Weg, den ich bisher gegangen bin und den ich weiterhin konsequent fortsetze, sieht folgendermaßen aus: Ich habe im Beruf mit Partnern zu tun, aber ich würde sie nicht mehr als enge Mitstreiter betrachten. Egal, ob es sich um Kurzzeit-Mitarbeiter oder um langjährige Kollegen handelt, es gibt immer eine klare Distanz in der jeweiligen Partnerschaft. Früher basierte mein Teamwork manchmal auf tiefer Freundschaft. Ich habe allerdings aus meinen Misserfolgen gelernt, dass Partnerschaften, die auf tiefer Freundschaft beruhen, meistens kritisch und auf gewis-

se Weise vorbelastet sind. Ich würde keinem Menschen raten, mit seinem besten Freund eine Geschäfts-Partnerschaft einzugehen. Das funktioniert nicht. Letztendlich resultieren daraus oft Feindschaften, und wahre Freundschaften werden dadurch zerstört.
In diesem Zusammenhang noch ein Rat: Machen Sie sich nicht unbeliebt, versuchen Sie Ihren Sympathiegrad hoch zu halten, aber glauben Sie nicht an die Hilfe anderer, helfen Sie sich selbst und machen Sie auch Ihre Arbeit selbst. Sobald sich zwei zusammentun, glauben vorerst beide, dass sie dem anderen etwas bringen. Tatsache aber ist, dass der Schwächere auf den Stärkeren hofft. Doch der wird diese Situation irgendwann einmal satt haben und den Schwächeren ausbooten. Menschen sind Egoisten, das heißt, irgendwann dringt der Egoismus durch und es kommt zur großen Enttäuschung in der Partnerschaft und darüber hinaus zu einer bitteren Ernüchterung innerhalb der Freundschaft. **Behalten Sie Ihre privaten Freunde, aber machen Sie Geschäfte mit Fremden.** Erwarten Sie niemals von Ihrem Geschäftspartner, dass er das Boot für Sie rudert.

Kapitel 9

# KÖNNEN SIE ZUHÖREN?

Sie kennen natürlich alle das Sprichwort: „Reden ist Silber, Schweigen ist Gold." Aber haben Sie sich schon jemals Gedanken über den tieferen Sinn dieses Spruches gemacht? Wenn ja, dann wissen Sie, dass die Antwort ganz einfach und logisch ist: Nur durchs Zuhören kann man dazulernen. Und unser Leben sollte doch ein ständiger Lernprozess sein. Aber was machen die meisten Menschen viel lieber – und da möchte ich mich selbst noch immer nicht ganz ausschließen – sie reden und reden, nur um sich selbst darzustellen. Wer glaubt, wichtig zu sein, rückt sich gerne in den Mittelpunkt des Gesprächs, indem er Monologe hält und die anderen so gut wie überhaupt nicht zu Wort kommen lässt. Früher durfte auch ich mich zu diesem Personenkreis zählen. Mittlerweile weiß ich, dass diese Eigenschaft einer meiner größten Fehler war. Und selbstverständlich habe ich daraus meine Lehren gezogen. Ich muss aber zugeben, ab und zu habe ich einen Rückfall, besonders dann, wenn ich bei besonders guter Laune bin, weil mich ein schöner Erfolg gerade in den Himmel hebt. Sobald ich aber meine alte Verhaltensweise registriere, versuche ich mich zurückzunehmen und das Schwergewicht vom Reden aufs Zuhören zu verlagern.

### Kindern zuhören

Anderen Menschen zuhören zu können und natürlich auch zuhören zu wollen ist etwas ganz Wichtiges, und zwar in allen Bereichen unseres Lebens. Das beginnt schon bei den Eltern, die ihren Kindern leider Gottes oft viel zu wenig Aufmerksamkeit schenken. Natürlich müssen Sie sich dafür Zeit nehmen und auch ehrlich bemüht sein, die Wehwehchen und Sorgen der Kleinen, auch wenn sie Ihnen noch so unbedeutend und unwichtig erscheinen, zu verstehen. Doch nur wer seinen Kindern

von klein auf zuhört und auf sie eingeht, wird sich später manch großen Kummer oder böse Überraschung ersparen.
Ich kann in diesem Fall zwar nicht aus eigener Erfahrung sprechen, aber ich weiß von Erzählungen aus meinem Freundeskreis, dass Sie sich selbst und Ihren Kindern ganz bestimmt nichts Gutes tun, wenn Sie ihnen nicht zuhören. Was ist denn das Wichtigste in einer Beziehung, egal welcher Art, sei es nun zwischen Geschäfts- oder Lebenspartnern oder zwischen Eltern und Kindern? Natürlich, Sie sagen es, Vertrauen ist die Basis jeder intakten Beziehung. Wie soll Ihr Kind aber Vertrauen zu Ihnen haben, wenn Sie ihm nicht zuhören, wenn Sie ihm das Gefühl vermitteln, dass Sie sich gar nicht für sein Leben und seine Probleme interessieren? Ich bin mir sicher, dass es mitunter schwierig und äußerst stressig sein kann, die nötige Zeit und ehrliche Aufmerksamkeit für Nichtigkeiten, die Ihnen Ihre kleinen Lieblinge gerade erzählen wollen – denn etwas anderes sind viele Dinge in Ihren Augen wahrscheinlich nicht –, aufzubringen. Aber versuchen Sie es trotzdem. Denn Ihrem Kind sind solche Momente sehr wichtig, weil Sie ihm dann das Gefühl geben, dass Sie es ernst und wichtig nehmen. Irgendwann kommt die Zeit, wo Sie dafür belohnt werden. Dann nämlich, wenn sich Ihr Nachwuchs zu einem ehrlichen, vertrauenswürdigen, verlässlichen Erwachsenen entwickelt hat, der Sie gerne um Rat fragt und genauso gerne darauf hört. Ein junger Mensch, der es nicht nötig hat, Sie zu belügen, und der in einer möglichen Krisensituation zuerst zu Ihnen kommt. Damit Sie ihm helfen und zu ihm stehen. Ich glaube, dass man in vielen Fällen die Schuld bei den Eltern suchen muss, wenn Kinder im Leben versagen, sei es nun, dass sie auf die schiefe Bahn kommen, ein Opfer von Drogen oder Sekten werden oder beruflich nichts taugen. Hätten manche Eltern rechtzeitig auf die Hilferufe ihrer Kinder gehört und somit registriert, dass etwas nicht in Ordnung ist, hätten sie möglicherweise – Ausnahmen bestätigen natürlich wie immer die Regel – vieles verhindern können.

### Dem Partner zuhören

Recht ähnlich wie bei Eltern und Kindern verhält es sich auch zwischen Eheleuten oder in Partnerbeziehungen. Meistens ver-

sucht der oder die eine, sich dem anderen mitzuteilen, wenn ihm oder ihr etwas nicht passt. Versuche, die nur allzu oft im Keim erstickt werden, weil der Angesprochene mit seinen Gedanken ganz woanders ist, lieber die Zeitung liest, sich unbedingt ein Fußballmatch oder einen Modebericht im Fernsehen anschauen muss, oder gar nicht da ist, weil ihn der Beruf, die Freunde oder das Hobby so sehr in Anspruch nehmen. Kommt Ihnen davon irgendetwas bekannt vor? Klingt Ihnen vielleicht auch die Bitte „Wir müssen reden" im Ohr? Wenn ja, dann sollten Sie dieser Bitte wirklich nachkommen und Ihrem Partner **einmal** zuhören, denn Sie befinden sich nun bereits auf Alarmstufe eins.
Noch sind die meisten Probleme wahrscheinlich recht leicht zu lösen, und allein die Tatsache, dass Sie sich endlich einmal Zeit für Ihre bessere Hälfte nehmen und sich anhören, was den anderen beschäftigt, belastet oder stört, wird Ihnen Pluspunkte einbringen. Also, Spaß beiseite, aber eine zwischenmenschliche Beziehung wird auf Dauer nur funktionieren, wenn die Beteiligten aufeinander eingehen, dem anderen das Gefühl geben, für ihn da zu sein, natürlich auch in schwierigen Zeiten, in denen es besonders wichtig ist, dem anderen zuzuhören, wenn beide das Gefühl haben, nicht auf sich allein gestellt zu sein, sondern jemanden zur Seite zu haben, mit dem man über alles sprechen kann, der einem zuhört und sich Gedanken über das Gesagte macht. Denn wozu hat man denn einen Partner?

### Auf Mitarbeiter hören

Damit wäre wohl das Wichtigste zum Privatleben gesagt und ich hoffe, Sie haben aufmerksam zugehört, pardon, ich wollte sagen gelesen. Wenden wir uns nun dem Unternehmensbereich zu. In vielen Betrieben haben Mitarbeiter gar nicht die Möglichkeit, ihre Ideen oder Anregungen jemandem mitzuteilen, geschweige denn ihre Kritik vorzubringen. Dabei können gerade Mitarbeiter ein enormes Verbesserungs- und Innovationspotential darstellen – vorausgesetzt, man hört ihnen zu. Wie verhält es sich denn in Ihrem Unternehmen? Gibt es bei Ihnen eine Kommunikationsplattform für Mitarbeiter, wo diese ihre Anregungen und Verbesserungsvorschläge der Geschäftsleitung vortragen können? So sollte es nämlich sein. Ich stelle im Zuge meiner Unternehmensberatungen immer wieder fest, dass man auf die Frage nach der Mitarbeiter-Kommunikation zwar größtenteils sehr positiv reagiert, es sich leider sehr oft aber nur um ein Lippenbekenntnis handelt. Da gibt es verwaiste Ideen- und Informationsboxen oder sogar über Intranet die Möglichkeit, Vorschläge einzubringen, die dann aber entweder nicht richtig oder gar nicht bearbeitet werden und über kurz oder lang untergehen. Solche Situationen kann man mit dem „Nichtzuhören" im privaten Bereich vergleichen. Natürlich ist auch der Mitarbeiter eines Tages frustriert und gibt auf, sich jemandem mitteilen zu wollen. Schade, denn damit gehen dem Unternehmer unter Umständen wertvolle Verbesserungsvorschläge, vielleicht sogar innovative Ideen verloren.

Ich kann mich noch gut an mein erstes Betriebspraktikum erinnern, an dem ich unglaublich viel Freude hatte und neue Ideen nur so aus mir heraussprudelten. Damals war ich 16 und für meinen Vorgesetzten offenbar ein Jüngling, den er nicht ernst nehmen wollte. Wer sagt aber, dass junge Menschen nicht auch schon gute Ideen haben können? Gerade heute würde ich vor allem auch junge Leute fragen, weil sie doch viel mehr Verständnis für Veränderungen und innovative Wünsche haben als Menschen, die schon lange in ihrem Erfahrungsgefängnis sitzen. Ich gab damals jedenfalls trotz der Ignoranz meines Vorgesetzten nicht auf, ja, ich ging ihm wahrscheinlich manchmal sogar sehr auf die Nerven. Leider ohne Erfolg, denn keine meiner Anregungen wurde umgesetzt, sodass sich meine Ideen und Vorschläge mit der Zeit reduzierten und irgendwann am Punkt null angekommen waren. Ich hatte nämlich meinen Drang nach Neuem auf ein Aufgabengebiet im Privatbereich verlagert, als Kompensation sozusagen. Bei meiner Arbeit machte ich nur mehr Dienst nach Vorschrift, und wenn ich ehrlich bin, war ich selbst da mit meinen Gedanken bei meinen privaten Geschichten.

In meinem zweiten Praxisjahr wurde die Situation dann noch viel schlimmer. Ich kam in ein Unternehmen mit einem Mitarbeiter-Führungsstil wie im Mittelalter. Schon am ersten Tag teilte man mir mit, dass man von jungen Leuten wie mir keine Anregungen oder Ideen wünschte. Ich sollte lediglich die mir zuge-

teilten Aufgaben – und das waren mehr Hilfsdienste als Arbeiten, bei denen ich etwas hätte lernen können – ausführen. Nun, diesmal wollte ich nicht mein gesamtes Praktikum, immerhin drei Monate, verschwenden, also fand ich eine Möglichkeit, mich rasch aus diesem Dienstverhältnis zu verabschieden. Das dritte Jahr war dafür mein Glücksjahr. Im Direktor eines lokalen Reisebüros traf ich auf einen aufgeschlossenen Vorgesetzten, der sich meine Ideen nicht nur anhörte, sondern manche davon auch umsetzte. Er sah in mir einen Menschen, dem er trotz seiner Jugend eine recht verantwortungsvolle Aufgabe, nämlich die eines Reiseleiters, zutraute. Endlich konnte ich mich verwirklichen, ich war voll motiviert und ich glaube, dass ich sowohl für die Kunden des Reisebüros als auch für das Unternehmen selbst echte Spitzenleistungen erbrachte. Da ich als Reiseleiter meine Aufgabe sehr ernst nahm und außerdem davon ausging, manche Entscheidungen selbst treffen zu können, machte ich mich sofort daran, einige Programmpunkte meiner diversen Reisen zu verändern. Alles Verbesserungen, die den Kunden und dem Unternehmen einen Mehrwert bescherten und den Fahrer und mich mit zusätzlichen Einkünften erfreuten. In Summe waren wir alle glücklich. Und warum? Weil man mir zugehört hatte, so auf meine Verbesserungsvorschläge aufmerksam geworden war und die herkömmlichen Trampelpfade verließ.
Viele erfolgreiche Ideen, Verbesserungen oder Produktvorschläge stammen nicht vom Management eines Unternehmens, sondern von dessen einfachen Mitarbeitern – jenen Menschen, denen man am wenigsten zuhört und die man nie zu Meetings einlädt. Solche Arbeiter sind jedoch meistens nicht imstande, ihre Ideen umzusetzen, also müssen sie damit zunächst zu ihrem direkten Vorgesetzten gehen. Mit etwas Glück nehmen die Vorschläge dann ihren Weg, bis sie an der richtigen Adresse, also bei demjenigen, der sie sinnvoll auswertet, ankommen. Leider Gottes bleiben viele Ideen in dem einen oder anderen Filter hängen und werden nie umgesetzt. Wenn also ein aufgeschlossener Mitarbeiter immer wieder feststellen muss, dass man seinen Überlegungen absolut keine Bedeutung schenkt, kann ich mir gut vorstellen, dass er eines Tages resigniert und sich von da ab nur mehr so verhält, wie ich es an meinem ersten Arbeitsplatz tat. Er

ist demotiviert und sucht sich einen anderen Bereich als Ausgleich – vielleicht den örtlichen Fußballverein. Wirklich schade, wenn man bedenkt, dass in solchen Fällen dem Unternehmen ein Ideenpotential verloren geht, und über kurz oder lang auch ein motivierter Mitarbeiter. Dabei ist es doch ganz logisch, dass sich Arbeiter, die zum Beispiel am Fließband stehen, oft Fragen zu unnötig komplizierten oder viel zu aufwendigen Abläufen stellen und auch schon eine viel bessere Lösung zur Hand haben, von der das Management aber nie etwas erfährt. Bleibt dem Unternehmen nur zu wünschen, dass eines Tages ein Berater auf der Bildfläche erscheint, der sich zufällig mit diesem Mitarbeiter unterhält und ihn auch dahin bringt, dass ihm der inzwischen Frustrierte von seinen bisher nicht realisierten Verbesserungsvorschlägen erzählt. Tatsächlich verbringen aber leider auch diese Herren mehr Zeit mit dem „wichtigen" Management als bei den „unwichtigen" Mitarbeitern vor Ort. Da ich während meiner Beratungstätigkeiten immer versucht habe, ein Unternehmen nicht nur an der Spitze, sondern auch von der Basis her kennen zu lernen, sind mir einige meiner besten Ideen und Anregungen von solchen Mitarbeitern geliefert worden. Mein Geheimnis, warum ich anders als die anderen bin, liegt darin, dass ich mich aus verschiedenen Perspektiven dem jeweiligen Unternehmen nähere. Ich versuche einerseits, alles aus der Vogelperspektive zu sehen, um mir den nötigen Überblick zu verschaffen, und andererseits auch nicht die Mausperspektive zu vergessen, um die Probleme im Detail kennen zu lernen. Meistens sind es nämlich die kleinen, unscheinbaren Steine, über die man stolpert, und nicht die großen, auffälligen. In der Regel mache ich jede Arbeit einmal selbst, um das Problem am eigenen Körper zu erfahren.

## Auf Kunden hören

Worin liegt heute einer der größten Fehler von Unternehmern und deren Mitarbeitern? Sie hören nicht auf den Kunden, ganz zu schweigen davon, dass sie ihn zu Anregungen motivieren oder ihn vielleicht sogar darum bitten. Und natürlich wollen sie schon gar nichts von Kritik oder Reklamationen wissen.
Bleiben wir doch gleich beim Reklamations-Management. In

95 Prozent der Fälle, und da bin ich noch sehr gnädig, versucht das Management oder der Firmen-Mitarbeiter im Falle einer Reklamation doch nur die eigene Seite oder Position zu vertreten, besser gesagt zu verteidigen. Dabei sollten Unternehmer dankbar sein, wenn sie auf Mängel ihrer Produkte hingewiesen werden, weil sie dann die Chance haben, diese Fehler zu beheben. Davon abgesehen haben sie noch eine zweite Chance, nämlich die, aus einem unzufriedenen Kunden einen zufriedenen zu machen, einen, der wieder kommt und wieder kauft. Die Erfahrung zeigt zwar, dass sich ein Großteil der Kunden – in Europa – ohnehin gar nicht traut, etwas zu reklamieren, sondern sich mit dem schlechten Produkt frustriert abfindet, aber sicher nie mehr etwas von dieser Firma kaufen wird und auch allen Verwandten und Bekannten davon abrät, zu Artikeln besagten Unternehmens zu greifen. Wenn sich dann aber ein willensstarker Kunde meldet, macht das Unternehmen nichts anderes, als dessen Reklamation abzuwehren. Womöglich so lange, bis sich die Fronten verhärten und die Situation einen schlechten Ausgang nimmt – nämlich vor Gericht.
So gesehen lobe ich mir Amerika, weil Kunden dort ihr Recht bekommen, wenn sie darauf pochen. In den USA ist es selbstverständlich, dass man mit Reklamationen sehr großzügig umgeht. Der Slogan „Customer first" steht für das, was er meint, der Kunde kommt wirklich immer an erster Stelle. Ich selbst hatte mir einmal eine Sitzgarnitur für mein Haus bestellt, die mir ursprünglich zwar sehr gut gefiel, aber nach einigen Wochen fand ich immer weniger, dass sie in mein Wohnzimmer passte. Als meine Freundin dann auch noch der Meinung war, die neue Errungenschaft sei einfach hässlich, stand für mich fest, dass ich sie nicht behalten würde. Nach über zwei Monaten gab ich schließlich dem Möbelhaus die durch meine Benützung schon leicht beschädigte Sitzgarnitur wieder zurück. Und was glauben Sie, ist passiert? Nicht nur, dass die benützte Ware anstandslos zurückgenommen wurde, auch der Abtransport und der Liefertransport meiner neuen Garnitur wurden mir nicht in Rechnung gestellt. Und selbstverständlich hätte ich mein Geld zurückbekommen, wenn ich keine neue Garnitur gekauft hätte. Das nenne ich wirklichen Kundenservice. Denn der Austausch der Sitzgarnitu-

ren war ja gar keine Reklamation, sondern nur eine Geschmacksverwirrung meinerseits. Ja also, wo glauben Sie, werde ich das nächste Mal meine Möbel kaufen? Keine Frage, natürlich wieder in diesem Möbelhaus.
Sollten Sie also ein kleines oder auch großes Unternehmen besitzen, muss Ihnen eines bewusst sein: Im Reklamations-Management hat das Zuhören eine Doppelfunktion. Der Unternehmer kann etwas lernen und der Kunde kann seinen Frust ablassen. Leider nützen Unternehmer fast nie die Möglichkeit, auf ihre Kunden zu hören. Sie würden sich damit gelegentlich viel Geld ersparen. Ich glaube nämlich, dass Kunden die besten Unternehmensberater sind. Aber man hört wahrscheinlich gerade deswegen nicht auf sie, weil sie nichts kosten – und man kauft Rat lieber bei teuren Unternehmensberatern ein. Ich danke den Unternehmern natürlich dafür, denn davon lebt unsere Branche. Horchen Sie trotzdem auf den Kunden, versuchen Sie, neue Trends aus ihm herauszubekommen, holen Sie sich Verbesserungsvorschläge, binden Sie ihn in Ihr Geschäft ein, indem Sie mit ihm diskutieren. Das alles wird ihn zu Ihrem besten Stammkunden machen.
Ich behaupte, dass ein Großteil der Unternehmer und deren Mitarbeiter heute noch nicht weiß, was Kundenmehrwert (siehe Kapitel 7) bedeutet und was man unter Sensoren und Reizstimulatoren (ebenfalls Kapitel 7) versteht. Ich gehe weiters davon aus, dass der heutige „Ge-Be“-Kunde (Genuss und Bescheidenheit – Kapitel 7) für die meisten Unternehmen einen Black-Box-Kunden repräsentiert, über den sie fast nichts wissen, obwohl sie der Meinung sind, ihn genau zu kennen.

**Hören Sie den Menschen Ihrer Umgebung besser zu und setzen Sie das Gehörte zu Ihrem Vorteil um!**

Kapitel 10

# MISSERFOLGE MIT ANLAGEBETRÜGERN

Dieses Kapitel sollten Sie ganz genau lesen, vor allem, wenn Sie vermögend sind, weil Sie dann bestimmt auf der Liste einiger Anlagenhaie stehen. Aber bitte, verstehen Sie mich nicht falsch. Ich meine damit natürlich nicht all jene soliden Unternehmen und Berater der Anlagenbranche, die allein schon daran zu erkennen sind, dass ihre Angebote nicht das Zigfache des Bankleitzinssatzes ausmachen. Bei ihnen entschuldige ich mich für die folgenden Ausführungen.

Ich beziehe mich hier auf solche Berater, deren Angebote beim ersten Hinhören geradezu unrealistisch klingen, they sound too good to be real. Sie würden mir nicht glauben, was ich da so im Laufe meiner Beratertätigkeit – nicht als Berater im Anlagenbereich, sondern bei meiner herkömmlichen Unternehmensberatung – erlebt habe und welch große Namen mir dabei untergekommen sind. Unternehmer, von denen ich überzeugt gewesen wäre, dass sie auf einen solchen Schwindel nicht hereinfallen. Darüber könnte ich ein eigenes Buch schreiben.

Denken wir doch nur, was sich in den vergangenen zehn Jahren in diesem Bereich alles getan hat. Da waren:

- die berüchtigten Nigeria-Geschäfte, die man übrigens auch mit anderen Ländern machte
- die deutschen Goldschein-Schuldverschreibungen nach der Wiedervereinigung Deutschlands
- jedes Jahr neue Modelle im Bereich der Termingeschäfte
- die Finanzierung und Verteilung der Naturressourcen in den russischen Teilrepubliken, die alles andere noch weit übertrafen.

Im Vergleich zu diesen Geschäften erscheinen die kleinen Deals mit Diamanten und sonstigen Gimmicks wie Tante-Emma-Läden. Das Prinzip all dieser Geschäfte wies stets das gleiche Strickmuster auf, nämlich die Gier der Anleger nach immer mehr.

Prinzipiell waren in der Vorgangsweise solcher Abschlüsse zwei Varianten zu beobachten:

A) Wohlhabende Menschen wollten ihr Geld gewinnbringend anlegen, die „Anlageberater" wollten es ihnen wegnehmen. Das Spiel funktionierte folgendermaßen: Zuerst wurde der Köder ausgeworfen. „Anfänger" durften zunächst mit kleinen Beträgen einsteigen, für die sie meist überzeugende Zinsen erhielten – zum Teil vom eigenen Kapital, zum Teil vom Kapital anderer. Meistens dauerte es danach nicht lange bis zur Aufforderung zum großen Geschäft. Bei dieser „einmaligen Chance", bei der es um einen weitaus höheren Betrag ging, gab es in der Regel ein Zeitlimit. Neben dem Vertrauen, das durch das erste Geschäft hergestellt war, kam nun auch der Faktor Gier zum Tragen. Der Abschluss des zweiten Geschäftes bedeutete jedoch oft auch gleich das Ende. Besonders Gefinkelte boten noch eine weitere Chance an. Denn mit einer nochmaligen Zahlung sollte man das bereits verlorene Geld „garantiert" zurückbekommen. Mehr muss ich Ihnen dazu wohl nicht erzählen.

B) Unternehmen benötigten eine kurzfristige, manchmal auch mittelfristige Überbrückungsfinanzierung, die ihnen bei den herkömmlichen Finanzinstituten nicht gewährt wurde. Doch plötzlich war da jemand, der die entsprechende Finanzierung in Aussicht stellte. In solchen Fällen wurde also mit der Hoffnung von in Schwierigkeit geratenen Unternehmern gearbeitet. Eigenartigerweise stellte sich immer sehr bald heraus, dass sich die versprochene Finanzierung doch etwas schwieriger gestaltete als ursprünglich angenommen. Doch mit einer entsprechenden Studie, die natürlich etwas kostete, oder wenn man Herrn XY einen Betrag von beispielsweise 100 000 DM zukommen ließe, wäre der Kredit binnen kürzester Zeit unter Dach und Fach. So mancher Unternehmer kratzte daraufhin noch seine letzten Reserven zusammen – und verlor auch diese. Die Sanierung eines solchen Unternehmens war dann doppelt schwierig, weil erstens überhaupt kein Geld mehr da war und der Mensch auf-

grund seines Schicksalsschlages – ich sagte immer Dummheit dazu – völlig demotiviert war.
Eine ganz spezielle Art von Variante B war die Zusage vertraulicher Interbank-Geschäfte. Wenn ein Kunde einen größeren Betrag zur Verfügung stellen konnte – meistens handelte es sich dabei um mindestens eine Million Dollar –, dann würde sich dieser Betrag innerhalb eines Jahres im Intertrading mehr als verdoppeln. Das heißt, nach einem Jahr hätte der Kunde sein investiertes Geld zurückerhalten und mit dem Zinsgewinn seine Schulden tilgen können. Das führte dazu, dass Unternehmer ihr oft relativ gering oder gar nicht belastetes Privathaus etwa mit einer Hypothek belasteten, um diese „einmalige" Investition finanzieren zu können. In der Hoffnung, nach einem Jahr alles überstanden zu haben. Reichte die Hypothek nicht aus, wurden auch noch Verwandte oder Freunde zur Kasse gebeten, sprich angepumpt. Nur für ein Jahr, dann würden sie alles zurückbekommen. Es erübrigt sich, Ihnen zu sagen, dass diese Finanzierungen reine Luftblasen waren und die „armen" Unternehmer nach einem Jahr, manchmal auch schon früher, noch weitaus ärmer waren – und jede Menge neue Probleme am Hals hatten. Manche verloren auf diese Art und Weise nicht nur ihren Privatbesitz, sondern auch noch ihre Freunde.
Diese unglaublichen „Geschäfte" boomten zwischen 1993 und 1995. New York, London, Zürich und besonders Genf waren die magischen Adressen. Einmal wäre mir diese Verrücktheit beinahe auch passiert. Die Papiere waren einfach zu gut, um falsch zu sein. Ich hatte damals sogar zugestimmt – ich traue mich den Ausdruck „beraten" gar nicht in den Mund zu nehmen –, dass auch einer meiner Kunden und eine gute Bekannte mitmachten. Zum Glück roch ich den Braten noch rechtzeitig und es gelang mir, unter Einsatz aller meiner Kräfte und gewisser Druckmittel, den beiden ihr Geld zurückzuholen. Sie verloren letztlich keinen Pfennig. Und auch mich hat es nichts gekostet, außer viel Zeit und noch mehr Nerven. Diese aufregenden Monate werde ich mein Leben lang nicht vergessen – obwohl es gar nicht mein Geld war.
Als kleine Entschuldigung möchte ich hier noch festhalten, dass es sich bei diesen Anlagegeschäften nicht ausschließlich um

Gauner handelte, sondern dass auch seriöse Leute dabei waren, die an die Seifenblasen der Luftverkäufer glaubten. Gelegentlich treffe ich heute noch den einen oder anderen Gutgläubigen. Aber bis heute habe ich noch keinen getroffen, der auf diese Weise tatsächlich das große Geschäft machte.
Hoffentlich gehören Sie nicht zu den Opfern dieser charakterlosen Geschäftemacher. Ich habe in diesem Spiel Gott sei Dank nie einen direkten Misserfolg einstecken müssen, da ich nie mitspielte. Meine leicht knausrige Einstellung „What sounds too good might not be real" hat mich davor bewahrt. Trotzdem lasse ich mir auch heute noch solche Angebote machen, wenn ich der Meinung bin, dass es sich um ein neues Modell handelt, das ich noch nicht kenne. Das einzige Problem dabei ist, dass man diese aufdringlichen, unseriösen Anlagekeiler dann kaum wieder loswird. Da nützen auch keine wiederholten „Ich will nicht" oder „Ich werde bestimmt nicht". Etwas können Sie von diesen Anlageberatern nämlich lernen: Überzeugungskraft, Ausdauer und nochmals Ausdauer und fast schon eine Art von Voodoo-Zauber.
Abschließend also mein gut gemeinter Rat, obwohl ich damit meiner grundsätzlichen Anschauung widerspreche: Sparen Sie sich diesen Misserfolg, denn er bringt Ihnen nur eine viel zu teure, trotzdem aber absolut wertlose Erfahrung.

**Finger weg von unseriösen Anlageberatern – ein Misserfolg, den Sie sich ersparen sollten!**

Kapitel 11

# KANN FANATISMUS SÜNDE SEIN?

Bei machtbesessenen Menschen, die aufgrund ihrer Einstellung und ihrer Handlungen anderen schaden, kann Fanatismus zur Sünde werden. Die Geschichte beweist, dass es solche Menschen immer gegeben hat und wahrscheinlich immer geben wird. Auch dieses Jahrhundert hat uns Fanatiker beschert, die mit ihrer Politik die Welt in schwerwiegende Kriege führten, mit denen unvorstellbare Verfolgungsjagden und unmenschliche Gräueltaten Hand in Hand gingen. Betrachtet man den Ausdruck Fanatismus in diesem Zusammenhang, kann er natürlich nur negativ verstanden werden.

Ich möchte jetzt aber vom positiven Fanatismus sprechen, der unendlichen Triebfeder für außerordentliche Erfolgsleistungen. Fanatismus, wie ich und viele erfolgreiche Menschen ihn leben, ist eine positive Energiequelle, die fast schon einer atomaren Kettenreaktion gleichkommt. Fanatismus, wie ich ihn verstehe, ist gleichzusetzen mit unendlicher Energie und Ausdauer, um ein gesetztes Ziel unter allen Umständen zu erreichen.

Doch selbst Fanatismus im positiven Sinn kann gefährlich werden, wenn Sie die Grenzen der Vernunft überschreiten und entsprechend irrationale Handlungen setzen. Zusätzlich kann Fanatismus körperliche Gegenreaktionen auslösen, die zu chronischen Krankheiten führen und schließlich, trotz rechtzeitiger Warnungen, im Herzinfarkt enden. So mancher übereifrige, eben fanatische Manager könnte heute noch unter uns weilen, wenn er die mehrfachen Warnungen seines Körpers, vor allem die seines Herzens, ernst genommen und nicht ignoriert hätte, wenn er seinen Stress ein wenig reduziert und seinem Körper etwas Ruhe gegönnt hätte. Sobald aber Menschen, die die Warnsignale ihres Körpers kennen, trotzdem mit ungebremster Hektik weiterarbeiten, sind sie fanatisch im unvernünftigen Sinn. Glücklich dürfen sich jene schätzen, die sich nach ihrem ersten Herzinfarkt wieder erholen und aus diesem „Misserfolg" lernen. Denn welchen Sinn hat der ganz große Erfolg, wenn man ihn nicht mehr erlebt?

Was meine Einstellung zum Fanatismus betrifft, so fällt es mir leichter, hier vernünftig darüber zu schreiben als diese, eben nicht ungefährliche Charaktereigenschaft zu leben. Ich finde schon, dass große Ziele eine gehörige Portion Fanatismus verlangen. Und ich muss zugeben, dass auch ich manchmal meine körperlichen Warnsignale nicht ernst genug nehme. Doch sobald es mir nach besonderen Anstrengungen auch nur irgendwie möglich ist, versuche ich mich zu entspannen, um meinem Körper die notwendige Ruhe und neue Energiezufuhr zu ermöglichen. Und jedes Mal nehme ich mir vor, es das nächste Mal ein wenig ruhiger und gelassener anzugehen. Leider fällt mir dies zurzeit noch recht schwer. Ich mache meine Arbeit mit so viel Freude und Fanatismus, dass ich mich eigentlich ständig in einer Art Gefahrenzone bewege.

Natürlich birgt Fanatismus die Gefahr in sich, immer egozentrischer zu werden. Es liegt in der Natur der Sache, dass Fanatiker aus dem Drang heraus, Dinge perfekter zu machen als alle anderen, zu Egozentrikern werden. In seinem Buch „Meine Story" bestätigt Niki Lauda, dass ihn sein Fanatismus im Rennsport zum Egozentriker machte. Er versuchte eben alles so anzulegen, dass es ihm – und natürlich auch McLaren, seinem Team – nützte. Wahrscheinlich hat Niki Lauda sogar eine mehr als hundertprozentige Leistung erbracht, weil Fanatiker zu Überperfektionismus neigen. Doch gerade darin sehen viele ein eiskaltes und egozentrisches Verhalten.

Auch mich halten viele für gefühlskalt und egozentrisch. Ich empfinde dies als oberflächlich, weil solche Menschen nach ihrem ersten Eindruck urteilen. Wenn man heute wirklich erfolgreich sein möchte, muss man eben überdurchschnittliche Leistungen erbringen. Leistungen, die unglaubliche Disziplin sich selbst und natürlich auch anderen gegenüber erfordern. Manchmal wünschte ich mir ja auch, ein bisschen weniger fanatisch zu sein. Dann hätte ich heute vielleicht auch schon eine fixe Partnerin an meiner Seite. Denn jedes Mal, wenn ich eine Frau traf, mit

der ich mir ein gemeinsames Leben hätte vorstellen können, musste oder wollte ich mich gerade voll auf eine Aufgabe konzentrieren, die meine Zeit total in Anspruch nahm. Und ich verpasste womöglich eine weitere Chance für mein privates Glück.
Sie sehen also, Fanatismus fordert oft einen hohen Preis. Ihrer Meinung nach einen zu hohen Preis? Denn er macht Menschen einsam und egozentrisch und schadet außerdem noch der Gesundheit? So gesehen haben Sie Recht! Trotzdem glaube ich, dass Menschen mit großen Zielen Fanatiker sind, weil sie diese sonst nicht erreichen würden. Ich selbst habe mich damit abgefunden, denn ich liebe meinen Beruf über alles, er ist fast wie eine Droge für mich. Ich kann nur hoffen, es dennoch immer wieder zu schaffen, mir und meinen wenigen Freunden ein wenig Ruhe zu gönnen.
Als Fanatiker beschäftigt man sich natürlich besonders intensiv mit seinem Aufgabenbereich, wodurch man nicht nur ein profunderes Wissen erwirbt, sondern auch lernt, Dinge rascher zu analysieren und auszuwerten. Daher kann es immer wieder vorkommen, dass ich Menschen ins Wort falle oder ungeduldig und nervös werde, weil sie meinem Tempo nicht folgen können. Solche Verhaltensweisen werden gerne als unbeherrscht und egozentrisch abgetan, dabei möchte ich ganz einfach schnell zum Punkt kommen. Ich versuche ja auch, mich diesbezüglich etwas zu beherrschen, aber ehrlich gesagt gelingt es mir meistens nicht. Ich glaube sogar, dass ich in dieser Beziehung noch viel lernen muss, weil man mich doch sehr oft für arrogant und unbeherrscht hält und den Kontakt mit mir meidet. Ein Misserfolg also, der mit meiner Ungeduld zu tun hat, ausgelöst durch den Fanatismus, perfekt zu sein.
Ergeht es Ihnen genauso? Erkennen Sie gewisse Ähnlichkeiten? Haben Sie sich aber schon einmal gefragt, warum Sie so sind? Nun, wenn Sie darüber nachdenken, werden Sie meine Meinung wahrscheinlich bestätigen: Eine gesunde Portion Fanatismus ist für den großen Erfolg schon recht förderlich, aber zu viel davon schadet Ihnen und Ihren Mitmenschen. Wenn ich es mir so recht überlege, glaube ich, dass meine ständige Unruhe ihre Ursache im Fanatismus hat. Und wenn ich eine kaufmännische Rechnung aufstelle, komme ich zu dem Ergebnis, dass mich mein Fa-

natismus mindestens genauso viel kostet, wie er mir bringt. Vielleicht gelingt es mir ab sofort aber, mein zukünftiges Leben etwas vernünftiger und weniger fanatisch zu gestalten.
Sollten Sie also auch zu jenen Fanatikern zählen, wie ich einer bin, kann ich Sie mit diesen Zeilen vielleicht dazu bewegen, ein wenig zurückzustecken. Denn Misserfolge im Rahmen der Gesundheit sind womöglich nicht einmal mehr mit der Dreistufen-Regel zu beseitigen.

**Eine gesunde Portion Fanatismus ist die Atomkraft des Erfolges. Doch wehe, wenn diese außer Kontrolle gerät!**

Kapitel 12

# MEIN WEG ZUM ERFOLG

## MEINE GROSSEN MISSERFOLGE

Ich hatte in meinem Berufsleben mit zwei Mega-Misserfolgen fertig zu werden. Der erste fand in einer mir fremden Branche, nämlich jener der Mode und Haute Couture, statt. Da ich zu Beginn recht erfolgreich war, wurde ich bald etwas unvorsichtig. Denn ich ging natürlich davon aus, dass es immer so weitergehen würde.
Nach einer Idee meiner damaligen Freundin, die wie ich Betriebswirtschaft studierte, aber ebenfalls keine Ahnung von der Modebranche hatte, gründeten wir 1982 unter dem Namen „Vicky Mora" eine Modefirma mit italienischem Designer-Image. Meine Freundin entwarf unsere Modelinie, ich war für den Vertrieb zuständig. In den beiden ersten Jahren machten wir gute Geschäfte und expandierten schließlich sogar weltweit.
Schon im Gründungsjahr unserer Firma hatten wir die so genannten „Legwarmers", die in New York als reine Sportbekleidung verkauft wurden, nach Europa geholt und sie zu einem gängigen Modeartikel umfunktioniert – nachdem wir die Firma Edoo überzeugt hatten, Strümpfe ohne Fußteil zu produzieren. Der Erfolg gab uns Recht, wir waren sofort ausverkauft. Was die Strumpffirma veranlasste, diesen Renner in Eigenregie herzustellen, denn plötzlich tauchten die „Legwarmers" zum halben Preis im Handel auf. Aus mangelnder Erfahrung hatten wir natürlich keinen Exklusiv-Vertrag abgeschlossen und mussten nun unseren ersten, wenn auch nur kleinen, Misserfolg hinnehmen.
Doch dieser kleine Rückschlag hinderte uns nicht daran, ins Haute-Couture-Geschäft einzusteigen. Bald waren wir nicht nur auf den wichtigsten Modemessen in Paris, Mailand, Tokio, London und New York, sondern auch in den exklusivsten Boutiquen

rund um den Globus vertreten. Einziges Handicap: wir benötigten sehr viel Kapital, das länger gebunden blieb, als uns lieb war. Denn wie sich rasch herausstellte, zahlte ein Großteil der Kunden nicht. Die finanziellen Ausfälle erreichten schließlich ein fast gigantisches Ausmaß und auch unser Glaube an abgeschlossene Waren-Kredit-Versicherungen half uns nicht weiter – weil die Prämien nicht bezahlt worden waren. Zu diesem Zeitpunkt hatte ich schon gelernt, dass mit der Haute Couture kein Geld zu verdienen ist, man sich beim Verkauf von Lizenzen aber leichter tut.

Und so schafften wir es auch, 1987 die erste Lizenz an Österreichs größten Gürtel-Hersteller zu vergeben. Die Sache lief ganz gut an und wir verhandelten bereits mit Parfum- und Modeschmuck-Firmen. Doch der Finanzdruck wurde leider immer größer. Heute könnte man sich die Frage stellen: Hätte es etwas genützt, noch zwei Jahre länger durchzuhalten? Mit meinem heutigen Wissen wahrscheinlich schon! Aber damals hatte ich weder die Zeit noch die Kraft und schon gar nicht das Geld, um das Ganze durchzustehen. Plötzlich wurde ich von allen Seiten, sogar von persönlichen Freunden, angegriffen.

1988 ging der Traum vom Mode-Imperium mit einem stillen Ausgleich zu Ende. Nicht aber meine schmerzhaften Ausgleichszahlungen, die mich noch eineinhalb Jahre belasteten. Seither kenne ich alles, nur keine Schulden mehr. Ich meide Banken und Kredite wie der Teufel das Weihwasser.

Noch im selben denkwürdigen Jahr, nämlich dem meines ersten großen Misserfolges, zwang ich meinen Vater, das Hotel „Dreitorspitze“ und zwei Appartementhäuser in Seefeld, also den gesamten Familienbesitz, den er mir übergeben wollte, zu verkaufen. (Der damalige Cashflow von 40 Prozent repräsentierte einen einmaligen Wert.) All seine Überzeugungskraft reichte nicht aus, mich zur Übernahme der Kleinode zu bewegen – obwohl ich gerade zu diesem Zeitpunkt völlig mittellos war. Ich wusste damals aber schon definitiv, dass ich nicht in Österreich leben wollte, dass mein Land Amerika war und ist. Heute gibt mir mein Vater übrigens Recht, dass damals der Zenit in der Hotellerie, speziell in Seefeld, bereits überschritten und es höchste Zeit war auszusteigen.

Zum ersten Mal in meinem Leben hatte ich damals das Glück, am Punkt null angelangt zu sein. Der kleine Prinz, stets verwöhnt mit einem wunderschönen Appartement inklusive luxuriösem Rundum-Service, stand plötzlich vor dem Nichts. Meine Wohnung und mein Büro in München beschränkten sich auf 18 Quadratmeter Gesamtfläche.
Sofort griff ich wieder auf das zurück, was ich konnte und verstand – auf Consulting, eine Arbeit, die ich seit 1979 immer wieder erfolgreich erledigte. Einzige Ausnahme waren die Jahre 1984 bis 1988 gewesen, mein Ausflug in die Modebranche, in den ich meine gesamten Ersparnisse investierte.
1990 konnte ich mit einer Prämie aus dem Projekt „Semiramis", einem großen römischen Ferien- und Urlaubsdorf in der Türkei, meine letzten Schulden abbezahlen. Mein Consulting-Geschäft lief auch weiterhin sehr gut, sodass ich der Versuchung nicht widerstehen konnte, in verschiedene Bereiche zu expandieren. Vielleicht auch aus falschem Ehrgeiz wurde ich 1989 Mitglied bei Burns&Gimble, und zwar als Geschäftsführer der deutschen Niederlassung. Bald gab es davon mehrere in Deutschland, B&G Software, Immobilien, Consulting, Kapital und Finanzen. Auch in den USA, wo ich zum Vizepräsidenten von B&G avancierte, wuchsen wir zügig. Kurz darauf wurde die B&G-Finanz in Zürich gegründet und auf faszinierende Weise ausgebaut. Ein tolles fünfstöckiges Büro in der Bahnhofstraße bestätigte das gute Image und die Finanz- und Politprominenz, die dort ein- und ausging, war richtig beeindruckend. Selbst für uns in Amerika. Man hatte das Gefühl, dass die Wirtschaft dort stark mitbestimmt wurde. Im Mai 1994 kam ein neuer Partner aus Deutschland dazu, dem ich von Anfang an nicht traute und den ich auch nicht besonders schätzte. Für einige Zeit war er jedoch der Erfolgsmann, der die größten Beträge bewegte. Doch eines Tages tauchten unglaubliche Schadenssummen am Computer auf. Der Schaden war nicht wieder gutzumachen und die einzig mögliche Konsequenz lautete, das Unternehmen, die B&G-Finanz, zu schließen. Der Imageverlust war gravierend, der negative Image-Transfer auf den Namen zu kritisch, um mit dem Unternehmen noch große Sprünge zu machen. Der Vorfall hatte sogar weltweit Konsequenzen, weil die Vorstände einiger Großunternehmen zurücktreten

mussten. B&G USA konnte zwar ohne negative Auswirkungen noch länger bestehen, aber 1996 schloss ich in der Funktion des Vizepräsidenten auch dieses Unternehmen.
Am Ende meiner Zeit bei B&G wurde ich, sozusagen als Draufgabe, noch mit einem faszinierenden Partnerschafts-Erlebnis konfrontiert – nämlich dem, dass keiner meiner Partner es für nötig gehalten hatte, mich über den schlechten Stand der Dinge zu informieren.
Ich war damals gerade aus privaten Gründen in Holland, als mich ein Amerikaner anrief und fragte, wie es mir ginge. Gut, antwortete ich, denn ich wollte am selben Abend mit meinem Vater Geburtstag feiern. Worauf er wissen wollte, ob ich Witze machte oder wirklich nicht wüsste, was passiert war. Denn am selben Tag war weltweit eine größere Polizeiaktion gestartet worden, im Zuge deren fast alle Computer und Büros untersucht wurden. Davon verschont blieben nur jene Büros, die ausschließlich mit Consulting, aber nichts mit der Finanz-AG zu tun hatten, wie mein Büro in Palm Beach, das in München und eines in der Schweiz.
Mein Misserfolg mit B&G war deshalb so schlimm, weil wir uns Schritt für Schritt ein Unternehmen mit sehr gutem Ruf aufgebaut hatten. Der Absturz kam dafür umso schneller und sorgte für Schlagzeilen auf den Titelseiten führender Schweizer Wirtschaftszeitungen. Derjenige, der die Misere verursacht hatte und dem es gelungen war, die Finanz-AG innerhalb von fünf Monaten in den Ruin zu stürzen, kam zwar für acht Jahre ins Gefängnis, aber das war mir bestimmt kein Trost.
Unser großer Vorteil war, dass jede Firma ihre eigene juristische Gesellschaft war und sich der Schaden rechtlich nicht auf die anderen Gesellschaften auswirkte, der Name war aber trotzdem ruiniert. Denn der Absturz hatte Fahndungen in allen größeren Büros in Europa zur Folge.
Ich hatte eine zweite wichtige Erfahrung im Leben gemacht: Umsatz und Wachstum sind nicht alles, es kommt viel mehr auf den Ertrag eines Unternehmens an. Die Tatsache allein, dass ein Unternehmen rasch wächst, sagt mitunter gar nichts über seine Qualität aus.
Nachdem ich also sehr viel Zeit in das Image eines Unterneh-

mens gesteckt hatte, gab es nun den Namen, der mich eigentlich getragen hatte, nicht mehr. Ich musste jetzt meinen eigenen Namen neu aufbauen, der bisher nicht wirklich bekannt war. Eines hatte ich dabei auch gelernt: Wenn man nicht der ideale Kämpfer in einem Team ist, sondern eher ein Einzelkämpfer, soll man es auch dabei belassen und sich nicht zwanghaft in einer Gemeinschaft versuchen – nur weil die allgemeine Wirtschaftslehre verkündet, dass man nur im Team groß und stark werden kann. Ich glaube, wirklich talentierte Einzelkämpfer werden immer Einzelgänger bleiben. Den größten Fehler, den man diesbezüglich machen kann, ist zu versuchen, sich anzupassen.

Natürlich habe ich mir auch die Frage gestellt: Warum erlebe ich meine Misserfolge immer in Partnerschaften und Teams? Bis heute bin ich zu keinem überzeugenden Schluss gekommen. Ich kann nur annehmen, dass ich einerseits vielleicht zu viel von Menschen verlange und voraussetze, doch andererseits bin ich anfänglich sehr offen und gutgläubig, setze letztendlich aber sehr harte Randbedingungen und fordere hohe Zielerreichungsgrade. Werden diese nicht erfüllt, reagiere ich relativ nüchtern und gehe sehr rigoros vor, eben nach meiner Dreistufen-Regel. Wahrscheinlich sind viele Menschen daran nicht gewöhnt.

Ich hatte mich diesmal relativ rasch damit abgefunden, wieder einmal alles verloren zu haben. Es war auch nicht das Geld, dem ich nachtrauerte, es waren die acht Jahre, die ich sozusagen verloren hatte – schließlich war ich damals doch schon 42 Jahre alt. Ein Alter, in dem man sich langsam überlegen sollte, nicht mehr zu viele Bottomline-Starts zu haben. Trotzdem fiel es mir diesmal wesentlich leichter, den Misserfolg zu überwinden. Ich hatte keine Angst mehr vor der sozialen Bestrafung, sondern sprach ganz offen mit jedem über das Problem. Ja, es war ein Fehler. So what? Auch das Nagen am Selbstvertrauen, das sich nach meiner ersten geschäftlichen Niederlage über längere Zeit – vielleicht sogar über Jahre – erstreckt hatte, und die Verzweiflung dauerten diesmal nur zwei, drei Tage, dann folgte der logische Schluss: Also gut, dann fange ich wieder von vorn an, mit neuer Kraft, aber diesmal richtig. Unter meinem Namen und mit keinen Partnern mehr, denn dann weiß ich, was ich tue, ich bin immer im Bilde, was passiert, es kann nirgendwo auf der Welt etwas ge-

schehen, wovon ich nichts weiß und wofür ich nicht verantwortlich bin.
Nach meinem zweiten Misserfolg begann ich erneut bei null, aber mit viel neuer Erfahrung und Freude am Kämpfen. So kam ich 1995 als völlig Unbekannter nach Europa, wo ich mir neue Kunden suchen musste. Innerhalb von nur vier Jahren habe ich mir einen sehr guten Ruf aufgebaut, viel Geld verdient und hochinteressante Projekte gestartet. Worauf kann ich das zurückführen? Ich weiß heute, wie es funktioniert und wo die Gefahren liegen, und so kann ich meinen Kunden den richtigen Weg zeigen. Traurig ist allerdings, dass sich nur sehr wenige von ihnen führen lassen. Trotz all meiner Ratschläge stürzen sie sich auf ihre eigenen Experimente und fallen damit oft genug auf die Nase.
Jedenfalls habe ich eines aus meinen Misserfolgen gelernt: Mache das, was du kannst, worin du am besten bist, und zwar nach Möglichkeit allein. Dann bist du ausschließlich dir selbst gegenüber verantwortlich und verbrauchst auch keine unnötige Zeit, um andere auf jenen Weg zu führen, den du gehen möchtest – noch dazu in einem Tempo, das sie kaum durchhalten können. Außerdem brauchst du dann niemanden zu überwachen. Dieser Rat gilt jedoch nur für mich als Einzelperson, weil ich erkannt habe, dass ich nicht teamfähig bin. Ich beneide Menschen, die das Glück und Geschick besitzen, gute Arbeit im Team zu leisten. Ein guter Manager schafft im Team finanziell natürlich mehr als ein Single-Player. Spiele ich aber ohne Team, bin ich Herr meiner Zeit. Nun muss ich abwägen, was mir meine Freiheit und meine Zeit wert sind und wie hoch ich mir mein künftiges Einkommen vorstelle.

## EINIGE MEINER GRÖSSTEN FEHLER

Meine größten Niederlagen resultierten aus Fehlern, die ich mittlerweile zu vermeiden versuche. Ich entdecke so manche davon auch bei meinen Kunden und kann diese daher gut verstehen und gezielt beraten. Vielleicht erkennen auch Sie ähnliche Fehler in Ihrem Verhalten, wenn Sie das folgende Kapitel lesen.

- Ich war viel zu **ungeduldig.** Lange Zeit war ich der Meinung, dass Veränderungen, Erfolge und selbst unwichtige Dinge des täglichen Lebens sofort passieren müssten. Ursprünglich durch Zufall, später durch besonders gute Lehrmeister und Erfahrungen lernte ich, dass der Erfolg in der Ausdauer liegt. In meinen Sturm-und-Drang-Jahren, in denen mir wirklich nichts schnell genug gehen konnte, machte ich meine ersten Erfahrungen in China und Japan. Dort brachte man mir bei, was Ruhe, Geduld und Ausgeglichenheit bedeuten. Heute kann ich gut verstehen, dass mich diese Menschen mit meiner amerikanischen Hektik damals für eine unkultivierte Langnase hielten.

- Viel zu lange und viel zu oft habe ich versucht, alles **gleichzeitig** zu erledigen. Ich wollte es nämlich jedem jederzeit recht machen. Ich hatte noch nicht gelernt, nein zu sagen – und ich hatte auch noch nicht den Mut dazu.
- Über viele Jahre wollte ich alles wissen und beschäftigte mich daher auch mit jeder Menge unnützer Dinge. Mir fehlte noch die Erfahrung **„Less is more",** die Einsicht, dass weniger oft mehr ist. Zum Glück wies mich unser Zeitalter der Informationsrevolution mit seiner sich jährlich quadrierenden Informationsflut bald recht deutlich in die Schranken. Ich begriff rasch, dass ich mir in puncto Information und Wissen ein Limit und ein bestimmtes Ziel zu setzen hatte. Ich musste lernen, selektiver zu werden und B- und C-Informationen zu ignorieren. Ehrlich gesagt ist mein diesbezüglicher Lernprozess aber noch immer nicht abgeschlossen, denn ich habe manchmal Angst, Informationen zu übersehen und etwas Wichtiges zu versäumen.
- Ich war über lange Zeit ständig im **Stress.** Ich fuhr zu jedem Meeting, wichtig oder nicht, schob manchmal sogar noch ein unvorhergesehenes ein, wenn es meine Zeit nur irgendwie erlaubte. Wahrscheinlich hätte ich auch noch lange so weitergemacht, wenn mir mein Körper nicht einen Strich durch die Rechnung gezogen hätte. Mein Herz schickte deutliche Warnsignale aus. Und da ich mir einen Misserfolg in Form eines Herzinfarktes lieber doch erspare, gehe ich heute mit meiner Zeit differenzierter um. Das heißt, heute überlege ich mir jedes Meeting sehr genau und stelle meistens auch schon mein

erstes Erscheinen in Rechnung. Dies zwingt nämlich mein Gegenüber, sich gründlich zu überlegen, ob er oder sie mich wirklich zu einem ernsthaften Gespräch treffen will. Ich erspare mir damit die vielen unnützen Smalltalks, wo zwar nett geplaudert wird, aber nichts dabei herauskommt, außer „Wann sehen wir uns wieder, um die Sache zu vertiefen?" Rückblickend kann ich heute bestätigen, dass alle Meetings, für die ich ein hohes Erstgesprächs-Honorar verrechnete, zu konkreten Verhandlungen und meistens auch zum angestrebten Ziel führten, nämlich zum Erfolg. Das liegt wahrscheinlich daran, dass sich beide Seiten schon konzeptionell auf das erste Treffen vorbereiten: Ich bin durch mein Honorar eine hohe Verpflichtung eingegangen und mein Auftraggeber will für sein Geld möglichst viel bekommen – die geradezu ideale Basis für ein gutes Gespräch. Natürlich können Sie jetzt einwenden, dass mir auf diese Art und Weise wahrscheinlich Aufträge und damit Geld entgehen. So dachte ich ursprünglich auch. Doch überraschenderweise habe ich keine potentiellen Kunden verloren, sondern sogar einige dazugewonnen. Wie viele Schwadroneure mir so erspart geblieben sind, weiß ich nicht, jedenfalls habe ich nichts mehr mit solchen Zeitdieben zu tun.

Natürlich können Sie diese Strategie nur verfolgen, wenn Sie etwas Besonderes zu bieten haben, wenn Sie anders sind als die anderen. Oder glauben Sie, dass sich ein Steven Spielberg zu kostenlosen Probeaufnahmen überreden ließe? Ganz bestimmt nicht! Wenn Sie also ein Steven Spielberg Ihres Faches sind, warum soll dann Ihre Zeit nichts kosten?

- Ich war ein Meister des **Verdrängens.** Ich schob unangenehme Dinge und ungelöste Probleme prinzipiell vor mir her. Einer meiner größten Fehler, wie ich heute weiß. Na gut, es stimmt schon, manches erledigt sich mit der Zeit von selbst. Unwichtiges, das plötzlich vom Tisch ist, wenn man es nur lange genug liegen lässt. Die wirklichen Probleme aber entwickelten sich im Laufe der Zeit zu richtigen Bomben-Explosionen, während sie bei sofortiger Bearbeitung nur kleine Silvester-Kracher gewesen wären. Ich muss zugeben, es fehlte mir früher einfach die nötige Selbstdisziplin – was mir einige größere Misserfolge bescherte, sodass ich daraus schließlich meine Lehren zog.

- Packen Sie ein Problem sofort an, um es möglichst rasch und möglichst einfach zu lösen. Auf diese Weise ersparen Sie sich auch unnötige direkte oder indirekte Belastungen, wie etwa Schweißausbrüche oder Schlafstörungen, ganz zu schweigen von finanziellen Einbußen. Ich nehme heute ein Problem sofort in Angriff, um es auch so schnell wie möglich aus der Welt zu schaffen. Mit einer großen Ausnahme: Presseverrisse und ungerechtfertigte Statements. Solche Dinge, die mein Blut immer noch kurzfristig zum Wallen bringen, lege ich erst einmal zur Seite, bis ich mich beruhigt habe und nicht mehr mein Gefühl, sondern wieder mein Verstand regiert.
  Halt, etwas hätte ich jetzt beinahe vergessen, sozusagen eine zweite Ausnahme. Eine ganz logische allerdings. Ich meine damit die Tage, an denen man schon beim Aufstehen fühlt und weiß: Das wird nicht mein Tag! Natürlich denke ich dann nicht einmal im Entferntesten daran, mich auch nur mit dem kleinsten Problem auseinander zu setzen. Ich möchte doch der Negativ-Spirale keine Chance geben und mit einem Silvester-Kracher womöglich eine Bomben-Explosion heraufbeschwören. Nein, ich warte mit der Lösung meines Problems auf den nächsten Tag, an dem ich das Gefühl habe: Heute reiße ich alle Bäume aus!

## WIE VERHALTE ICH MICH IM FALL DER FÄLLE?

Sollten Sie einmal einen Misserfolg haben, von dem Sie im ersten Moment vielleicht sogar glauben, er könnte das Ende Ihrer Karriere bedeuten, sollten Sie versuchen, möglichst systematisch vorzugehen.

1. Verhalten Sie sich ruhig, geraten Sie ja nicht in Panik und versuchen Sie erst einmal, Abstand zu gewinnen.
2. Denken Sie positiv, auch wenn es Ihnen nicht leicht fällt, und geben Sie der Negativ-Spirale keine Chance. Bemitleiden Sie sich auch nicht zu sehr, denn das bringt Sie nicht weiter. Sagen Sie sich einfach, dass Sie das Problem lösen werden.

3. Versuchen Sie ganz sachlich die Ursachen des Problems zu eruieren und analysieren Sie die einzelnen Stufen, die zum Misserfolg führten. Sollte es sich um ein großes, komplexes Problem handeln, unterteilen Sie es in überblickbare Teilprobleme.
4. Überlegen Sie sich, wie Sie das Problem lösen können, das heißt wie Sie an das Problem herangehen und wie Sie möglichst schnell ein Ergebnis erzielen. Das Ergebnis muss nicht unbedingt mit der herkömmlichen Lösung eines Problems konform gehen. Jack Welch, der Vorstandsvorsitzende von General Electric, geht bei Problemen in Unternehmen nach einer ganz einfachen Methode vor: Lösen Sie das Problem in der entsprechenden Unternehmenseinheit sofort. Wenn Sie es nicht lösen können, verkaufen Sie diese Einheit. Sollte sich kein Käufer finden, schließen Sie das Unternehmen. Verschwenden Sie aber keine Zeit und ignorieren Sie das Problem auch nicht. Bei einer schrittweisen Problemlösung müssen Sie Prioritäten setzen.
5. Holen Sie nach jedem Schritt ein Feedback ein und lernen Sie daraus nach der Kaizen-Methode. Das bedeutet, versuchen Sie wiederkehrende Probleme von Schritt zu Schritt optimaler zu lösen und gleiche Lösungsansätze zu verbessern, bis Sie den besten und einfachsten Weg gefunden haben.
6. Vertrauen Sie sich und Ihrer Fähigkeit, auch die größten Probleme mit Geduld und Ausdauer lösen zu können.
7. Sollten Sie eine Problemstufe nicht allein oder zusammen mit Ihrem Team lösen können, ziehen Sie einen externen Fachmann zu Rate. Meist empfiehlt es sich, einen solchen gleich von Anfang an in die Problemlösung zu involvieren, weil dieser nicht im Erfahrungsgefängnis Ihres Unternehmens sitzt und daher Wege und Lösungen sieht, die Ihnen aufgrund Ihres eingeschränkten Blickwinkels verborgen bleiben.
8. Geben Sie Probleme und Fehler zu, die man auch außerhalb Ihres Unternehmens erkennen kann, versuchen Sie nicht, diese abzustreiten oder zu vertuschen. Aber präsentieren Sie sich deswegen nicht wie ein Loser, strahlen Sie Stärke und Sieger-Qualität aus.
9. Versuchen Sie, aus diesem Misserfolg zu lernen, und setzen

Sie in Zukunft Ihr Know-how bei ähnlichen Situationen als Frühwarnsystem ein.

## MEINE ERFAHRUNGEN MIT ERLEBNISWELTEN

Die Idee der Erlebniswelten entstand bereits 1983 mit dem amerikanischen Epcot-Center. Bestätigt hat sich diese Idee für mich ein Jahr später durch „Typhoon Lagoon" in Orlando, die allererste wirkliche Erlebniswelt, die die Karibik imitierte. Disney-World ist meines Erachtens nämlich keine Erlebnis-, sondern eine Micky-Mouse-Welt. Ich fand es faszinierend, dass man gerade dort, wo man die Karibik vor der Haustür hat, diese Landschaft künstlich nachmachte. Eigentlich ergab das keinen Sinn für mich. Ich stellte dann aber sehr rasch fest, dass diese Karibik viel schöner, weil perfekter war als jene, die ich in natura kenne. Dort boten sich Möglichkeiten, mit der die Natur einfach nicht aufwarten kann. Zum Beispiel für Wellenreiter, die für die richtige Mega-Welle nur auf den entsprechenden Pfeifton warten müssen. Um so überraschter war ich dann, dass diese Erlebniswelt zu Beginn ein absoluter Flop war. Allerdings kannte ich damals, vor 17 Jahren, noch nicht die Erfahrung der Einbruchsphase (siehe Kapitel 3). Zwei Jahre später entwickelte sich „Typhoon Lagoon" mit der später angebauten „Blizzard Beach" zum totalen Renner, der seit Jahren ständig ausgebucht ist.
Ich war jedenfalls von Anfang an überzeugt, dass eine solche Erlebniswelt auch bei uns in Europa Anklang finden würde. Ursprünglich nannte ich mein Projekt „Abenteuerland", doch niemand wollte es finanzieren. Also änderte ich den Namen in „Erlebniswelt". Als ich auch damit nicht weiterkam, taufte ich es „Lifestyle-Welt". Dieser Ausdruck kam mir entgegen, weil er zuzuordnen war und mir der beginnende Trend zu Hilfe kam. Schließlich versuchte ich unter dem Arbeitstitel „Sunjet" eine neue Welt für Jugendliche zu kreieren. Die Idee war, dass sich mehrere führende, angestaubte Unternehmen zusammentun, um für die Jugend eine Fun-Welt zu schaffen. Ich nannte damals Adidas und Puma die Schweißfabriken, weil sie ihre gesamte Sportswear auf Sport und Schweiß aufgebaut hatten. Das war

langweilig, denn die Kids wollten Farben und Spaß, nicht nur Sport in fadem Weiß. Ich habe dann zwei Jahre lang versucht, die führenden Unternehmen – wie Carrera, Faber-Castell, 4711 und Opel – im Unternehmen „Sunjet“ unter ein Dach zu bringen. Auflage war allerdings, dass die Skisport-Industrie, damals in rein österreichischer Hand, mit einsteigen müsse. Doch daran bin ich leider gescheitert. Alle Wichtigen der Ski-Industrie lächelten über die Idee „Fun“, die mehr als nur Sport und Leistung vermitteln sollte. Wir hatten den Firmen verrückte bunte Designs inklusive Snowboards vorgelegt. Verständlicherweise wurde damals über Snowboards gelacht, weil Mr. Burton weltweit nur 800 Stück absetzte. Letztendlich sind jedenfalls alle großen Partner abgesprungen, das Projekt wurde immer schwieriger und ich verlor zunehmend an Kraft. Und das aus zweierlei Gründen: zum Ersten, weil ich damals noch nicht die Ausdauer hatte, zum anderen, und das war sicher der Hauptgrund, weil mir mein Textilgeschäft mit einem Fast-Konkurs dermaßen zugesetzt hatte, dass ich Prioritäten setzen musste.
Also legte ich bei meinen Lifestyle-Erlebniswelten eine zweijährige Pause ein, um 1989 wieder voll in die Sache einzusteigen. Schon damals hatte ich aber auch absolut fix und fertige römische Welten auf dem Papier, 1990 bereits meine „Paradise World“, ein Projekt, das ich bis heute noch nicht öffentlich präsentiert habe, von dem ich aber überzeugt bin, dass es die Freizeit- und Wohnwelt der Zukunft wird. (Wahrscheinlich werde ich damit innerhalb der nächsten zwei Jahre auf den Markt gehen.) Heute verfüge ich also über die nötige Ausdauer und Geduld – denn mittlerweile arbeite ich bereits zwölf Jahre an diesem Projekt und habe es noch nicht einmal publiziert.
Damals wäre ich auch einer der Ersten mit einer großen römischen Welt gewesen – für mich ein Running Game, weil Las Vegas bereits im Entstehen war – genau genommen existierten meine Ideen aber schon lange vor Las Vegas. Ich hätte also die große Chance gehabt, in der Türkei, in der Nähe von Bodrum, die allererste, absolut größte römische Erlebniswelt aufzubauen. Wir waren schon mitten im Bau, als der Kuwait-Krieg ausbrach. Diese Problematik zusammen mit den Kurdenproblemen übertrug sich auf die Türkei, und die Krisensituation bedeutete für

meine Kunden, die, wie sich herausstellte, völlig unterfinanziert waren, das Ende. Das Projekt blieb halb fertig stehen und ich wurde wieder um einige Jahre zurückgeworfen. Heute befindet sich dort noch immer eine Ruine, nicht weit entfernt von den alten Ruinen in Ephesos, also sehr passend – Ruinen der Römer neben Ruinen eines Austroamerikaners.

Dieser Misserfolg war tierisch, weil mich Las Vegas überholte. Und wenn heute jemand über solche Erlebniswelten spricht, hör ich immer Las Vegas, was mich schon schmerzt, weil ich eindeutig der Erste war. Hauptinitiator von Las Vegas ist übrigens Steve Wynn, einer der weltweit wenigen in diesem Geschäft, vor dem ich meinen Hut ziehe. Steve Wynn ist einer der dynamischsten, kreativsten, bewundernswertesten Menschen im Geschäft Erlebniswelten, der dazu beigetragen hat, dass Las Vegas bis heute nicht nur nicht untergegangen ist, sondern sogar einen neuen Höhepunkt erlebt.

Die erste Chance, über Erlebniswelten Vorträge zu halten, erhielt ich 1989 in der Schweiz. Allerdings gab es damals diverse Missverständnisse, die zu einer weiteren Pause von zwei Jahren führten. Bis zu meiner zweiten Chance, wo es mir mit einem meiner Vorträge gelang, doch in dieses Projekt einzusteigen. Wieder in der Schweiz, die sich diesbezüglich am aufgeschlossensten zeigte. Während alle meine Versuche, mit der deutschsprachigen Presse Kontakt aufzunehmen – ich schickte den Journalisten fix und fertige Artikel –, nicht einmal ignoriert wurden. Erst aufgrund der Dimensionen des Projekts in der Türkei erschien schließlich ein Artikel in einem deutschen Fachmagazin – wieder ausgelöst durch einen Schweizer Journalisten.

1993, bei meinem Vortrag über „Kathedralen der Freizeit" in Holland, veranstaltet von der Thomas-Morus-Akademie, waren Referenten aus der ganzen Welt anwesend, Amerikaner wie Europäer, ja sogar Österreicher. Als ich jedoch auf Freizeitzentren und -tempel mit Schwergewicht „Urban Entertainment Centers" zu sprechen kam, konnte ich im Publikum eine derart starke Unruhe, ja fast schon regelrechte Ablehnung feststellen, dass ich ganz dezent und unauffällig meinen Vortrag abbrach. Und nicht mehr dazu kam, das zu sagen, was ich eigentlich sagen wollte. So wurde mir einmal mehr klar, dass auch auf internationalem Sektor

die so genannten Fachleute in Europa noch nicht bereit für solche Ideen waren.
Doch dann kam die große Überraschung. In den folgenden drei Tagen, in denen ich noch auf dem Seminar blieb, suchten alle wichtigen Teilnehmer dieses Symposions privat ein Gespräch mit mir. Warum? Hatte man doch erkannt, dass das Thema interessant war, wollte man sich aber in der Öffentlichkeit keine Blöße geben? Schließlich ließ ich es mir nicht nehmen, am letzten Tag noch einmal auf das Podium zu treten, um vor versammelter Menge festzuhalten, dass rund 80 Prozent der Teilnehmer privat mit mir gesprochen hatten, obwohl sie mich noch drei Tage zuvor öffentlich niedergemacht hatten. Meine geradlinige, ehrliche Art führte jedenfalls dazu, dass ich daraufhin ganzseitige Artikel in wichtigen deutschsprachigen Medien erhielt und auch das Fernsehen bei mir anklopfte. Ein österreichisches Team kam für ein Interview sogar zu mir nach Florida und brachte anschließend den ersten großen Bericht über Erlebniswelten. Auf mein Anraten hatte man auch Steve Wynn in Las Vegas besucht, sodass schließlich eine schöne Gegenüberstellung zwischen den amerikanischen Welten und Moraschs Ideen zustande kam. Amüsante Anekdote am Rande: Die Journalistin hatte mich gefragt, ob ich mir vorstellen könnte, in Österreich ein Erlebnis-Schloss zu bauen. Natürlich konnte ich – das PlayCastle Tirol, mein erstes Erlebniszentrum in Österreich, ist der Beweis dafür. Von da an wurde ich immer öfter als Guru oder Faschingsprinz gehandelt. In der Zwischenzeit übertreibt man sogar schon und nennt mich Tausendsassa, Oberguru oder Prophet. Ich bin aber nach wie vor der Ludwig Morasch, mit demselben Wissen, vielleicht nur mit ein wenig mehr Erfahrung als damals. Aber meine Konzepte von heute unterscheiden sich kaum von jenen vor 15 Jahren. Man hätte das Geschäft also schon viel früher machen können.
Wenn man bedenkt, wie lange ich für das Wort Erlebnis gekämpft habe – genau genommen über zehn Jahre –, hat man die Bestätigung, dass Erfolg eine Frage der Zeit und Ausdauer ist.
Die weitere Entwicklung sah genau so aus, wie ich sie seit jeher fürchte. Plötzlich sprang in Europa alles auf den Trend Erlebniswelten auf – Kleber da, Schilder dort, Erlebnis-Dies und Erlebnis-

Jenes. Als ich dann auf einer meiner Fahrten nach Kitzbühel auf einem heruntergekommenen Gebäude „Erlebnis-Emailwerkstätte" las, wusste ich, es war höchste Zeit, persönlich das Wort Erlebnis zu liquidieren und mir etwas Neues einfallen zu lassen. Schon 1984 hatte ich mir intensiv den Kopf über Infotainment-Welten zerbrochen, animiert durch das Epcot-Center in Orlando. Ich wusste, dass so die Zukunft des Handels aussieht, und zwar die vernünftigste Art der Produktpräsentation. Ausgelöst durch die Erlebnis-Emailschmiede gab es von da an weder das Wort noch solche Welten mehr für mich, von nun an wollte ich definitiv nur noch mit Infotainment-Welten auf dem Markt agieren. Das Skurrile dabei: Obwohl der Ausdruck erst vor vier Jahren von mir kreiert wurde, ist er mittlerweile bereits totgeredet. So gesehen muss ich mich über kurz oder lang wieder mit einem neuen Begriff auseinander setzen.

## FINANZIERUNG UND MISSERFOLGE BEI ERLEBNISWELTEN

Die heutige Standard-Marktformel lautet: Von zehn begonnenen Projekten, besonders im Bereich der Urban Entertainment Center, gehen weltweit neun daneben. Mindestens! Ich persönlich liege derzeit bei einem Faktor von 1:3, wenn nicht sogar 1:1, das heißt, jedes Projekt geht auf.
Ein ganz wichtiger Faktor für das Gelingen eines Projektes ist die Basisfinanzierung. Kann ich das nötige Geld nicht selbst aufbringen – wie es bei meinen ersten Eigenprojekten letztendlich der Fall war –, muss ich Projekte schaffen, die mit fremder Finanzierung zustande kommen. Was hatte ich also aus früheren Geschäftsgebarungen gelernt? Ein Konzept muss dem Trend entsprechen, darf aber nicht zu trendig sein, sondern muss der breiten Masse gefallen. Nur wenn der Durchschnittsbürger diesen Trend erfüllt haben will, ist der richtige Zeitpunkt für die Eröffnung des jeweiligen Projektes auf dem Markt gekommen. Um diesen Schritt mit OPM, „**o**ther **p**eople's **m**oney", zu schaffen – ich hatte gelernt, nur mehr das Geld anderer Menschen zu ver-

wenden, so kann man das eigene nie verlieren –, brauche ich ein derart griffiges Konzept, dass es sich hinsichtlich aller wichtigen Finanzkriterien bezahlt macht – natürlich auch für den nüchtern rechnenden Banker. Sind diese Faktoren erfüllt, bekomme ich das Basisgeld, um das Projekt starten zu können. Starten bedeutet aber zunächst, den Masterplan fertigzustellen, in dem alle Eventualitäten durchdacht und durchgespielt sind, damit es später keine Überraschungen gibt. Auf dieser Rahmenrichtlinie kann man dann alles Weitere aufbauen und wenn man sich genau daran hält, sollte es auch kein Misserfolg werden.
Interessanterweise sind alle meine Kunden, die sich ohne jegliche Abweichung oder Eigenentscheidung an meinen Plan halten, erfolgreich, während es bei den anderen auf den Grad der Abweichung ankommt. Ändern sie einen gesetzten Masterplan mit einer Performance-Quote von 90 Prozent um 20 Prozent ab, gibt es kein Problem, das Konzept wird erfolgreich sein. Weichen sie aber zu stark, teilweise um 60 bis 70 Prozent ab, wird es wahrscheinlich ein Misserfolg. Natürlich warne ich meine Kunden davor, aber sie glauben mir oft nicht. Was wieder bestätigt, dass Misserfolg für wirklichen Erfolg nötig ist. Ich kann selbst meinen Kunden dieses Recht auf ihren eigenen Misserfolg nicht nehmen, auch wenn das Geschäft bisweilen schmerzhaft für sie endet.

## AUS FEHLERN LERNEN?

**Wenn Sie mich fragen, ob man aus Fehlern lernen kann, bin ich der Meinung: aus eigenen vielleicht, aus fremden eher nicht.** Es ist mir noch nie ganz gelungen, einen Kunden vor Misserfolg zu bewahren, indem ich an ihn meine Erfahrung weitergab. Egal, wie genau ich ihn aufkläre, er hält sich nicht an das, was ich ihm sage, und macht seine Fehler. Zu Beginn bin ich daran verzweifelt, mittlerweile hoffe ich, dass solche Fehler nicht das gesamte Projekt, sondern nur Teile davon zerstören, sodass es noch rettbar und sanierbar bleibt.
Heute halte ich mich daher an folgende Überlegung: Jeder hat

Recht und Anspruch auf seinen eigenen Misserfolg – und ich habe nicht das Recht, ihn davon abzuhalten.

**Jedem steht sein Misserfolg zu!**

## DIE ZEITLICHE BEGRENZUNG DER DEPRESSION NACH EINEM MISSERFOLG

Nach einem Misserfolg müssen Sie die Depression zeitlich begrenzt halten, obwohl ich nicht sagen kann, sie darf nur ein paar Stunden oder Tage dauern. Auf keinen Fall sollten Sie zulassen, dass Ihre schlechte Stimmung den persönlichen Lebenszyklus, den persönlichen Wochenerfolgszyklus überschreitet. Alle Menschen haben automatisch Hochs und Tiefs, die in einem bestimmten Rhythmus auftreten, sagen Sie nicht, das ist Ihnen noch nie aufgefallen. Sie müssen also die nächste Bergauffahrt für Ihren neuen Karrierestart nützen und dürfen ihn nicht kaputtmachen, indem Sie sich selbst in eine Negativ-Phase hineinreden. Versuchen Sie sich zu motivieren und positiv zu denken – Sie wissen, was Sie wollen, können Sie auch –, aber belügen Sie sich bitte nicht, denn das wäre der falsche Weg.
Also, bemitleiden Sie sich ruhig an den paar Tagen, an denen es Ihnen schlecht geht, schenken Sie sich ein paar schöne Dinge, fliegen Sie für drei Tage auf Kurzurlaub, genehmigen Sie sich das, was Ihnen wirklich Spaß macht. Natürlich brauchen Sie in solchen Zeiten auch das Gespräch und die Kommunikation. Also scheuen Sie sich nicht, wann und wo auch immer darüber zu sprechen. Ich gehe in solchen Situationen immer ganz rücksichtslos vor: Ich fresse meinen Ärger nicht in mich hinein, ich lade den ganzen Müll sofort ab – und zwar wahllos bei jedem, der mir gerade zur Verfügung steht. Denn je schneller ich ihn loswerde, desto weniger kann er mich hinunterziehen.

**Machen Sie Ihrem Ärger oder Ihrer Verzweiflung Luft – und tun Sie sich in schlechten Zeiten etwas Gutes!**

Kapitel 13

# DIE ES GESCHAFFT HABEN

## SUPER, ME TOO

Als ich dieses Buch zu schreiben begann, hatte ich noch vor, auch über Misserfolge berühmter Persönlichkeiten ausführlich zu berichten. Ich ging davon aus, dass dies auf Sie vielleicht größeren Eindruck machen würde als meine persönlichen Erfahrungen. Ich war auch überzeugt davon, dass mir viele erfolgreiche Berühmtheiten gerne von ihren Misserfolgen erzählen würden. Ich stellte jedoch sehr schnell fest, dass man über alles gerne spricht, nur nicht über Misserfolge. Selbst wenn sie lange zurückliegen und das Leben heute ganz anders, nämlich ausgesprochen erfolgreich verläuft. Viele Menschen haben offensichtlich trotz ihrer jetzigen Erfolge die Niederlagen von früher noch immer nicht verdaut. Wie lange musste ich einen meiner Freunde beknien, bis er mir endlich erlaubte, über die Misserfolge seines Vaters zu schreiben. Als ich Toni Sailer diesbezüglich befragte, wollte er sich zuerst an keine Niederlagen erinnern. Erst im Laufe unseres Gespräches erzählte er mir von den wichtigsten Erkenntnissen aus seinen Misserfolgen.
Sie sehen also, wir leben in einer derart ängstlichen Welt, dass selbst die Reichen und Berühmten im Nachhinein noch Angst haben, über ihre Misserfolge zu sprechen. Was für ein Unsinn! Um meine Idee, auf die Karrieren berühmter Persönlichkeiten ein wenig einzugehen, aber nicht ganz verwerfen zu müssen, habe ich dann doch noch eine Lösung gefunden. Ich besorgte mir einfach die Bücher von einigen dieser Menschen und suchte in ihren Biographien nach ihren Misserfolgen und deren Lösung. Ich muss zugeben, was ich da lesen konnte, hatte ich nicht erwartet. Es gibt also doch ein paar Erfolgreiche, die kein Problem damit haben, in ihrem Leben einige Male gescheitert zu sein. Ihre

Offenheit und Aufrichtigkeit haben mich ehrlich verblüfft und ich konnte selbst noch einiges dazulernen. Lassen Sie mich daher bitte auf ein paar Passagen aus Richard Bransons Buch „Business ist wie Rock'n'Roll" und Niki Laudas „Meine Story" ein wenig eingehen.

## MAN DARF SICH IRREN

Wenn wichtige Leute einen Trend verschlafen oder völlig falsch einschätzen, würde ich das nicht unbedingt als Misserfolg bezeichnen. Im Übrigen ist es fast immer so, dass gerade die Kompetentesten dazu neigen, Trends ihrer Branche zu übersehen oder sie falsch einzustufen.

Dieser Umstand ist auch ganz leicht zu erklären. Menschen, die gerade Erfolg haben, suchen keine Veränderungen, sie sind überzeugt von dem, was sie tun. Der Erfolg gibt ihnen im Augenblick auch Recht. Was mit ein Grund ist, dass das Erfahrungsgefängnis den Erfolgreichen in solchen Phasen dominiert und ihm meist auch den Blick in die Zukunft trübt.

Folgende Irrtümer möchte ich Ihnen daher auch nicht als Misserfolge, sondern als amüsante Pointen präsentieren:

- 1943 war Tom Watson senior, Gründer und Chef von IBM, doch tatsächlich der Meinung, dass auf dem gesamten Weltmarkt nur ein Bedarf an fünf Computern bestünde.
- 1977 war Ken Olsen, Gründer von DEC, einem erfolgreichen Computer-Unternehmen, überzeugt davon, dass niemand einen Computer für zu Hause haben wolle.
- 1982 war ich mit den MDT-Anlagen (Kleincomputer, aber noch keine PCs) so erfolgreich, dass ich die PCs, die sich immer deutlicher ankündigten, zwar registrierte, aber davon ausging, dass es sich dabei um eine Art Spielzeug für Jugendliche handelte und der Markt den Kleincomputern gehörte.
- 1994 schließlich maß Bill Gates dem Internet keinerlei Bedeutung zu und dachte nicht im Entferntesten daran, dass man damit etwas verdienen könne.

## BERÜHMTE PERSÖNLICHKEITEN

Ich bin fest davon überzeugt, dass jeder erfolgreiche Mensch zumindest einen großen Misserfolg in seinem Leben hatte, der beinahe oder tatsächlich zum totalen Absturz führte. Ich war schon einmal knapp daran, ein Buch mit dem Titel „Keine Angst vor Amerika" zu schreiben, da ich im Laufe der Jahre festgestellt hatte, dass europäische Unternehmen und Unternehmer bei ihrem Markteintritt in die USA sehr viel Lehrgeld bezahlen mussten. Einerseits nahmen sie diesen grundsätzlich anderen Markt nicht so, wie er war. Andererseits konnten sie aber auch nicht aus den Misserfolgen ihrer europäischen Vorgänger lernen. Warum? Weil keiner darüber sprechen wollte, niemand zugab, welche Schwierigkeiten er zu überwinden und mit welchen Rückschlägen er fertig zu werden hatte. Wer spricht denn schon gerne über seine Misserfolge? Könnte es vielleicht sogar sein, dass selbst die Erfolgreichsten immer noch Angst davor haben – rückblickend sozusagen? Warum sonst hätte mir ein bekannter Professor der Elite-Universität Insead-Fontainebleau mitgeteilt, er habe einige Versuche angestellt, um für mich einen Interview-Partner zu finden, der es nach mehreren Anläufen beruflich geschafft hat, musste aber feststellen, dass sich jeder davor scheute, über seine Niederlagen zu sprechen. Es sei wohl eine der großen Lehren der „Abgestürzten", im zweiten oder dritten Anlauf, besonders, wenn es dann wirklich geklappt hat, eine Spur leiser zu treten.

Sie sehen also, dass die Angst vor Misserfolgen in unserer Gesellschaft noch immer einen sehr hohen Stellenwert einnimmt. Leider! Würden wir alle offen darüber sprechen, hätten Misserfolge keinen negativen Beigeschmack mehr und niemand wäre deswegen gebrandmarkt.

Also, wie schon gesagt, erfolgreiche Menschen können meistens auf mehrere Misserfolge zurückblicken. Um diese Meinung nicht nur so im Raum stehen zu lassen, möchte ich Ihnen zwecks Untermauerung ein paar Beispiele nennen – Stars aus der Volkswirtschaft, dem Management, aus dem Sport und dem Entertainment.

**Die Volkswirte**

Die zwei bekanntesten Volkswirte dieses Jahrhunderts sind zweifelsohne Schumpeter und Keynes. **Joseph Schumpeter** scheiterte als österreichischer Finanzminister bei dem Versuch, die Hyperinflation der zwanziger Jahre zu stoppen. Als Bankier ging es ihm nicht viel besser – denn er legte einen flotten Konkurs aufs Wirtschaftsparkett. Später wurde Schumpeter Professor in Bonn und danach in Harvard. Heute gilt er unbestritten als einer der größten Ökonomen dieses Jahrhunderts. Eine Position, die er sich schon in jungen Jahren zu erreichen vorgenommen hatte. Und davon konnten ihn auch zwei große Misserfolge nicht abhalten.

**John Maynard Keynes** wurde mit seiner Ansicht „The greatest difficulty in the world is not for people to accept new ideas, but to make them forget about old ideas and concepts" (Die größte Schwierigkeit besteht nicht darin, Menschen für neue, innovative Ideen zu gewinnen, sondern sie die alten Ideen und Gewohnheiten – sprich das Erfahrungsgefängnis – vergessen zu lassen.) weltberühmt und zum Megastar der Volkswirtschaft. An seinen Thesen haben sich viele Politiker orientiert und nach seinen Überlegungen ihr Land regiert. Er galt als Finanzgenie, das dennoch zweimal sein Vermögen verlor. Beim dritten Versuch, während der Hyperinflation in Deutschland, klappte es dann doch endgültig.

**Irving Fisher,** einen weniger bekannten Professor der berühmten Universität Yale, ereilte ein ähnliches Schicksal. Dreimal verlor er bei Fehlspekulationen an der Börse sein gesamtes Vermögen. Aber auch er gab nicht auf. Jahre später landete er mit der Erfindung des Rolodex, eines Registers, das heute beinahe in jedem amerikanischen Büro zu finden ist, den großen Coup.

Sie sehen also, selbst die beiden wichtigsten Vertreter der Volkswirtschaftspolitik des 20. Jahrhunderts waren nicht nur erfolgreich. Ich möchte Sie anhand gerade dieser beiden Beispiele aber auch noch aus einem anderen Grund bitten, über den Verlauf Ihrer Karriere nachzudenken. Ihnen allen ist das Jahr 1929, der schwarze Freitag an der New Yorker Börse, ein Begriff. Ein denkwürdiger Tag, mit dem die Weltwirtschaftskrise ihren Anfang nahm und anschließend große Umbrüche verursachte.

Plötzlich hatte die klassische Volkswirtschafts-Theorie keine Bedeutung mehr, neue, revolutionäre Ideen waren gefragt. Wie eben jene von Schumpeter und Keynes.
Heute befinden wir uns wieder in einer Zeit des Umbruchs. Nur werden die Veränderungen meiner Meinung nach diesmal noch größer und revolutionärer sein als um 1930. Ich glaube, dass der Begriff „Kostenfaktor Angst" eine völlig neue Bedeutung erfahren wird. Wenn wir in Zukunft volkswirtschaftlich erfolgreich sein wollen, müssen wir, ausgelöst durch die Informationsrevolution, völlig neue Wege gehen. Was wiederum bedeutet, mehr Risiken einzugehen und mehrere Misserfolge zu akzeptieren. Aber sind unsere Politiker, Manager und Führungskräfte dazu bereit? Solange die Angst vor Misserfolgen immer noch so groß ist, werden wir die nötigen Wege nicht gehen können. Denn nur wenn Menschen angstfrei Fehler machen dürfen, hat der „Kostenfaktor Angst" seine Bedeutung verloren.

**Richard Branson**

Richard Branson zählt heute zu den reichsten Engländern und verdient nicht nur seiner Leistungen, sondern auch seines Lebensstils wegen besonderen Respekt. Er selbst bezeichnet seine Berufsjahre als Ballonfahrten, denn es ging immer irgendwie ums Überleben. Ich glaube, es gibt nur wenige Unternehmer, die auf eine derart bewegte Karriere zurückblicken können, auf eine ständige Berg-und-Tal-Bahn.
Schon in jungen Jahren lernte Richard Branson aufgrund seiner Erziehung, sich Herausforderungen zu stellen und durchzuhalten. Sein großartiges Selbstbewusstsein holte er sich jedoch nicht in der Schule, sondern mit seinem großen Geschick zu handeln und seinem steten Drang, etwas Neues zu beginnen. Er war und ist der geborene Unternehmer, dessen Tatendrang und Wagemut so manchen Partner nicht nur zur Verzweiflung brachten, sondern auch zum Abschied veranlassten. Zu seinen Unternehmungen zählten unter anderem die Jugendzeitung „Student" und sein Lebenswerk Virgin Music, heute besitzt er die Fluglinie Virgin Atlantic, die Softdrink-Firma Virgin Cola, ist Miteigentümer von Virgin Clothes und vielem mehr.
Wenn Branson an das Unternehmertum in seiner Jugend denkt,

meint er heute, er sei einfach zu jung gewesen, um sich einen Misserfolg vorstellen zu können. Darum war er auch so selbstbewusst. Aber er kannte schon damals seine Schwächen und suchte sich daher stets Partner oder Freunde, deren Stärken seine Schwächen ausglichen. Seine Geschäftsphilosophie war von jeher anders als die herkömmliche. Alle seine Unternehmungen galten immer dem Ziel, etwas Originelles zu schaffen, das sich von der Masse abhebt, das einen bleibenden Wert hat und einem nützlichen Zweck dient. Er wollte immer stolz sein können auf das, was er tut. Gewinn stand und steht bei ihm an letzter Stelle. Daher lautet auch sein Rat an alle Beginners: Sollte Gewinnerzielung das einzige Motiv für Ihre Unternehmensgründung sein, dann sollten Sie lieber die Finger davon lassen. Ein Geschäft muss Sie persönlich berühren, es muss Spaß machen und die Kreativität anregen. Wie wahr! Wenn ich manchmal überlege, dass ich mit Turn-around-Beratung wesentlich mehr Geld verdienen könnte als mit meinen kreativen Konzepten, verwerfe ich diesen Gedanken sofort wieder, weil mir das Kreative Freude und Spaß macht und ich auch stolz darauf bin. Dieses Gefühl kann mir kein Geld der Welt ersetzen.

Trotz oder vielleicht gerade wegen seiner Freude an der Kreativität brachte einer seiner Abstürze Richard Branson sogar an den Rand der Legalität. Damals nämlich, als er mit seinem Schallplattenhandel in ein größeres Zollverfahren verwickelt wurde. Bestimmt war es nicht seine Gier, die ihn damals in diese Ecke des Geschäftslebens abrutschen ließ, es war für ihn lediglich eine Möglichkeit, sich über finanzielle Engpässe zu retten. Die Strafe, die der englische Zoll einhob, entsprach dem Dreifachen des illegalen Gewinns, den Virgin durch die Hinterziehung der Umsatzsteuer erzielt hatte. Natürlich kam Branson für den Schaden auf – und machte auch kein Hehl aus diesem Misserfolg. Im Gegenteil, er spricht besonders offen über all seine Niederlagen, denn er ist fest davon überzeugt, dass erfolgreiche Geschäftsleute mit manchen Projekten auf die Nase fallen und viele Unternehmer wenigstens einmal Konkurs anmelden mussten oder knapp davor standen. Branson selbst hatte 1992 den absoluten Tiefpunkt seiner beruflichen Karriere erreicht, als er gezwungen war, sein Lebenswerk Virgin Music zu verkaufen, um seine Flugli-

nie Virgin Atlantic zu stützen. Schließlich bedeutete jedoch sein Sieg über British Airways gleichzeitig den großen Wendepunkt in seinem Leben – seit 1993 schreibt ihm keine Bank mehr vor, wie er seine Unternehmen zu führen hat.
Bransons größte Stärke ist manchmal auch seine größte Schwäche – er liebt spontane Entscheidungen aus dem Bauch. Er behauptet übrigens von sich selbst, sich innerhalb von dreißig Sekunden eine Meinung von einem Menschen bilden zu können, und genauso schnell ist er von einem neuen Projekt begeistert oder nicht. Ungeduld war bestimmt oft ausschlaggebend für seine Misserfolge, die aber letztlich die Grundlage für seinen heutigen Erfolg und Reichtum bildeten.

**Norbert Zimmermann**
Früher gehörte die Berndorf-AG in Österreich zur verstaatlichten AMAG-Gruppe. 1987 übernahm Dr. Norbert Zimmermann im Zuge eines Management-Buyouts das Unternehmen, das damals nur rote Zahlen schrieb. Bei einem Umsatz von 750 Millionen Schilling musste man einen Verlust von über 100 Millionen Schilling hinnehmen. Zimmermann stand also vor der Alternative, das Unternehmen zu sanieren oder zu schließen. Er wollte beweisen – und es gelang ihm schließlich auch –, dass er die Sanierung schaffen würde. Dieser wirtschaftliche Erfolg gab dem Österreicher natürlich enormes Selbstvertrauen und Mut zu weiteren Schritten. Heute verfügt die Berndorf-AG, mittlerweile ein Technologiekonzern, über vierzig Tochterunternehmen und nur mehr zehn Prozent des Gesamtumsatzes werden mit Besteck, dem Artikel, mit dem das Unternehmen seinen Anfang nahm, erzielt.
Jetzt werden Sie mich mit Recht fragen, warum ich Ihnen diese Erfolgsgeschichte erzähle. Was hat sie denn mit Niederlagen oder Rückschlägen zu tun? Was ist Norbert Zimmermann denn passiert? Ganz einfach, auch er musste mit manchen Misserfolgen fertig werden. Was mich an diesem Menschen aber besonders fasziniert, ist seine Offenheit, mit der er in aller Öffentlichkeit über seine Misserfolge spricht und außerdem bestätigt, dass er aus jedem von ihnen mehr gelernt hat als aus allen seinen Erfolgen zusammen.

Unser Gespräch bestätigte mir meine Thesen und erweiterte meine Erfahrungen. Auch Zimmermann zählt Ungeduld zu den größten Fehlern seiner ersten Berufsjahre, wie auch seine spontanen und oft unüberlegten Entscheidungen, die so manche Fehler zur Folge hatten. Aber er lernte aus diesen Fehlern und holte sich einen zweiten Vorstand als Partner zur Seite, mit dem er nun gemeinsam jede Entscheidung trifft. Überlegt und aus unterschiedlichen Blickwinkeln, denn der neue Vorstandspartner ist wesentlich jünger. Ein Vorteil, der den beiden auch einen guten Zugang zur jugendlichen Zielgruppe und dem jungen Netzwerk ermöglicht.

Das klingt ja immer noch alles sehr gut, werden Sie jetzt sagen. Wann gab es denn eigentlich einen Misserfolg? Nun, so wie es meistens passiert, genau dann, wenn man am wenigsten darauf gefasst ist. Vom Erfolg getrieben leistete sich das Unternehmen eine größere Akquisition im Osten. Die Folge war ein Verlust von 54 Millionen Schilling, der den Höhenflug jäh einbremste. Das besonders Schlimme an diesem Misserfolg war aber die Tatsache, dass gerade in diesem Moment der Markt bei den Cash-Cow-Tochterfirmen einbrach. Daraufhin stützte sich Zimmermanns Crash-Management auf folgende Richtlinien:

1. Positiv reagieren und nach außen ganz cool und ruhig bleiben.
2. Positive Neuigkeiten rasch verbreiten und verstärkte PR-Arbeit leisten.
3. Die Sorgen mit jenen Mitarbeitern teilen, die davon betroffen sind und die auch zur Problemlösung beitragen können.

Zimmermann gewann aus dieser Situation folgende Erkenntnis: Erfolg ist die stärkste Droge und der Grundstein für den nächsten Misserfolg. Denn er hatte euphorisch und unüberlegt in das Ostgeschäft investiert. Natürlich freut er sich auch heute noch über seine Erfolge, aber er warnt davor, vom Boden der Realität abzuheben. Seine persönliche Definition von Misserfolg lautet daher: „Misserfolg hat der, bei dem die Intelligenz versagte, weil die Ungeduld siegte." Trotzdem sind Misserfolge für ihn nichts Negatives, weil er sie kapitalisiert. Er betrachtet Misserfolge als Lernkapital, wie extrem teure Seminare, aus denen sein Team und er besonders viel lernen müssen. Seiner Meinung nach sollte man

Misserfolge daher niemals vertuschen oder verschweigen, weil man dann neben Geld auch noch Lernkapital verliert.
Übrigens, auch ein äußerst erfolgreicher Geschäftsmann wie Norbert Zimmermann kennt Angst – in positiver und negativer Form. Negativ ist für ihn panische Angst, die einen hemmt und nicht weiterbringt, Entscheidungen blockiert und Mitarbeiter nur nervös macht und verunsichert. Positiv dagegen ist die Sorge, die man aufarbeiten kann. Sie fällt in den Bereich der Vorsichtsmaßnahmen, wo man versucht, aus Fehlern zu lernen und in Zukunft entsprechende Sorgfalt walten zu lassen. Sorge ist bei Höhenflügen besonders wichtig, weil sie wieder auf den Boden der Realität zurückführt. Als man Zimmermann eines Tages informierte, dass sein Unternehmen in Flammen stand, überlegte er kurz, wie es wäre, alles zu verlieren. Das Gefühl, das ihn da befiel, war aber nicht Angst, sondern die Gewissheit, dass er auch das überstehen würde. „Ich habe gelernt, bescheiden zu sein und auch so zu leben." Als er 1987 das Unternehmen mit nur drei Prozent Eigenkapital übernahm, wusste er, dass er nach einem Absturz möglicherweise nur noch einen Job als Briefträger bekommen würde, denn in Österreich wäre er als Versager gebrandmarkt gewesen. Seiner Meinung nach gibt es in seiner Heimat besonders viele mittelmäßige Geschäftsleute, die sich an nichts wirklich Großes heranwagen, aber voll Neid auf die großen Macher schauen. Natürlich freuen sich solche Durchschnittsbürger über den Absturz eines Großen, weil dieser dann plötzlich nicht mehr über, sondern unter ihnen steht.

### Hans Fries

Oft ist gerade die Lebensgeschichte eines besonders erfolgreichen Menschen das beste Beispiel dafür, dass Misserfolge kein Grund zur Aufgabe sind, sondern im Gegenteil neuer Ansporn, um noch einmal ganz von vorn zu beginnen. Der schwierige Weg, den der Deutsche Hans Fries schon in frühen Jahren zu gehen hatte, schien ihm als jüngstem Kriegsfreiwilligen, der mit 16 bereits am Isonzo kämpfte, fast in die Wiege gelegt. 1899 in Neumarkt in der Oberpfalz geboren, trieb es den Ehrgeizigen nach absolvierter Banklehre – Abitur und Studium hatte der Krieg verhindert – bald als selbständigen Makler für Waren- und Termingeschäfte an die Frankfurter Börse. In eine Beschäftigung, die dem gelernten Bankkaufmann auf die Dauer jedoch zu nervenaufreibend war, weil sie einfach nicht seiner Art des Lebens entsprach. Also ging er 1929 nach München, um dort sein eigenes Immobilienunternehmen zu gründen und erfolgreich aufzubauen. Doch die Bombardierung Münchens während des Zweiten Weltkriegs verschonte auch das mittlerweile beträchtlich angewachsene Haus- und Grundbesitzvermögen von Hans Fries – er zählte schon damals zu den führenden Maklern in München – leider nicht.

Ein Rückschlag, der den damals 46-Jährigen absolut nicht erschüttern konnte, er sah in diesem Neuanfang vielmehr seine zweite große Chance. Schon 1945, unmittelbar nach Kriegsende, begann Fries, wie viele andere auch, unter schwierigsten Bedingungen mit dem Wiederaufbau. Da er nicht mit den Nationalsozialisten sympathisiert, und schon gar nicht für sie gearbeitet hatte, setzten die Amerikaner den Mann mit Überzeugung als Verwalter aller beschlagnahmten Münchner Liegenschaften ein. Aus Mangel an Material gründete der Mann mit Ideen daraufhin sein eigenes Betonwerk und schon bald nach dem Krieg beschäftigte das Unternehmen von Hans Fries bereits wieder über 1000 Mitarbeiter. Und nur zehn Jahre später hatte der Tatkräftige, der ein Nein nicht akzeptierte, mehr als 2500 Wohnungen bauen lassen.

Schon Anfang der fünfziger Jahre hatte der Freistaat Bayern, selbst mittellos und auf Privatinitiativen angewiesen, dem Unternehmer auf Erbbaurechtsbasis wichtige Trümmergrundstücke im Herzen der Stadt übergeben, mit der Auflage, die beschädigten Gebäude auf diesen Arealen wieder aufzubauen. Fries, der zu dieser Zeit zu den interessantesten Wirtschaftsfiguren im deutschen Raum zählte und über gute Beziehungen verfügte, nützte auch diese Chance und sein Unternehmen erlebte einen sagenhaften Aufstieg. Doch der clevere Geschäftsmann hatte einen großen Fehler begangen – er hatte sämtliche Finanzierungen ausschließlich über die Bayerische Staatsbank durchgeführt. Ein Fehler, der ihn plötzlich in eine existenzbedrohende Krise führte, denn über Nacht wurden ihm alle Kredite gesperrt und man drängte auf sofortige Rückzahlung. Die Firma musste

deshalb Vergleich anmelden und viele hunderte ihrer Wohnungen verkaufen. Man kann heute nur vermuten, dass es gewisse Kräfte in der Regierung waren, die auf diese Weise möglichst rasch an alle staatlichen Liegenschaften, die Fries auf eigene Rechnung bebaut hatte, gelangen wollten.
Für Hans Fries war dies eine große Enttäuschung, aber auch eine große Lehre. Der finanzielle Verlust war schmerzhaft, doch viel größer war die menschliche Enttäuschung. In seiner wichtigsten Sitzung vor dem drohenden Aus erklärte er seinen Kontrahenten: „Meine Herren, machen Sie, was Sie wollen, Sie können mir alles nehmen – bis auf den letzten Rock meinetwegen, aber ich mache weiter und fange wieder von vorn an." So stolz, stark und keinesfalls gewillt zu kapitulieren zeigte sich Fries seiner Umwelt, wo er plötzlich von vielen geschnitten und als Bankrotteur angesehen wurde. Tatsächlich war er aber ob des Unrechts, das ihm angetan worden war, so verzweifelt und ohne Hoffnung für seine Zukunft, dass er seinem Leben am liebsten ein Ende gesetzt hätte. Nur mit Hilfe seiner klugen Frau, die nicht von seiner Seite wich, ihn unendlich motivierte und unterstützte, schaffte er einen dritten Neuanfang. Innerhalb kürzester Zeit baute er noch einmal ein sagenhaftes Vermögen auf – die Fries & Co Grundstücksverwaltung und -verwertung in München. Hans Fries starb vor sechs Jahren als einer der Größten in seinem Geschäft.
Entscheidend war, dass ihn die beiden grossen Rückschläge seines Lebens, für die er noch dazu gar nicht verantwortlich war, nicht verbittert hatten, sondern ihm eine unglaubliche Lebensweisheit bescherten, seine Denkweisen, etwa in Bezug auf die Politik, veränderten und ihm so viel Erfahrung schenkten, dass er letztendlich ein langes, erfolgreiches und begütertes Leben führen konnte. In dem für ihn der materielle Reichtum, den er gar nicht mehr zur Schau stellen wollte, sekundär geworden war, sein wirklicher Reichtum lag im endgültigen Erfolg.

### Beate (Uhse) Rotermund

Dass es Frauen auch heute meistens noch schwerer als Männer haben, wenn sie im Beruf weiterkommen wollen, ist kein Geheimnis. Vor allem, wenn es um Top-Positionen geht. Umso mehr bewundere ich Beate Rotermund, bekannt als Beate Uhse, die schon im Zweiten Weltkrieg, also vor fast sechzig Jahren, Testpilotin auf einer ME 109 war. Ein Beruf, der selbst heute für Frauen recht ungewöhnlich ist und besonderes Können, Mut und Durchsetzungsvermögen voraussetzt. Doch vor mehr als einem halben Jahrhundert, und noch dazu während des Krieges? Diese außergewöhnliche Leistung muss für eine Frau ein ganz besonderer Erfolg gewesen sein. Ein wunderbares Erfolgsgefühl, das leider nicht lange währte. Zu Kriegsende wurde Rotermunds Vater auf seinem Landgut in Ostpreußen von den Russen erschossen, während sie selbst sich auf die Flucht machte. Auf sich gestellt und allein mit ihrem Sohn, denn ihr Ehemann war im Krieg gefallen. Und auch ihre Mutter verstarb kurz nach dem Tode des Vaters.

Eigentlich genug Schicksalsschläge, um zu verzweifeln. Noch dazu in einer Zeit, wo die meisten ums Überleben kämpften. Doch Beate Rotermund ließ sich nicht unterkriegen. Sie gründete den Beate-Uhse-Konzern, dessen Aufbau auch nicht immer leicht war. Aber die Kämpferin wusste, was sie wollte. Und sie glaubte an sich und ihre Vorstellungen. Mit dem Ergebnis ihres Börsengangs 1999 beweist diese starke Frau, dass man seine gesteckten Ziele erreichen kann. Ihre Philosophie, jeden Tag möglichst positiv zu erleben und aus jeder Situation das Beste zu machen, hat ihr dabei bestimmt geholfen. Und ihr Ratschlag an Sie, liebe Leser, könnte lauten: „Denken Sie positiv, seien Sie offen, kontaktfreudig und gewissenhaft, nehmen Sie Ihr Ziel in Angriff, beweisen Sie Ausdauer und lassen Sie sich auf Ihrem Weg unter keinen Umständen entmutigen."

### Michael Milken

Milken war einst dafür bekannt, der weltweit höchst bezahlte Manager zu sein. Allein 1987 verdiente er als Star des Investment-Hauses Drexel-Burnham-Lambert 550 Millionen Dollar. Er galt als Wunderkind und Midas der Wall Street, auch heute sehen viele in ihm noch den wichtigsten Finanzdenker dieses Jahrhunderts. Mit dem von ihm entwickelten Finanztool „Junk Bonds" ermöglichte er Unternehmen, mit bahnbrechenden Ideen an Kapital zu gelangen. Bekannte Unternehmen wie MCI, Turner Broadcasting und Viacom, um nur einige zu nennen, verdanken

ihre erfolgreiche Existenz zu einem beträchtlichen Teil diesem wunderbaren Finanztool. Milken hatte damit eines der wesentlichsten Produkte am Finanzplatz New York geschaffen. Dem Höhepunkt seiner Karriere und einem Luxusleben als Megastar der Wall Street folgte der Absturz ins bodenlose Nichts. Ein Niedergang, wie man ihn sich in seinen schlimmsten Träumen nicht ärger vorstellen kann. Milken wurde wegen Wertpapierbetrugs zu einer der höchsten Geldstrafen verurteilt, die eine Börsenaufsicht je verhängte, er wurde auf Lebzeiten von der Wall Street, seiner Geschäftsplattform, verbannt und erhielt obendrein eine zehnjährige Haftstrafe. Ein Absturz aus dem Himmel des Erfolgs in die dunkelste Hölle. Viele Menschen hätten sich an seiner Stelle bestimmt aufgegeben, nicht aber Michael Milken. Er kämpfte weiter – für seinen Selbstwert und eine bessere Zukunft. Als er 1993 im Alter von 46 Jahren vorzeitig aus der Haft entlassen wurde, teilten ihm seine Ärzte mit, dass er an Prostatakrebs leide und seine Lebenserwartung höchstens 18 Monate betrage. Doch selbst dieser weitere Schicksalsschlag ließ den überzeugten Kämpfer nicht aufgeben. Im Gegenteil. Milken sah darin einen neuen Anfang für einen neuen Weg in eine neue Zukunft. Trotz aller Hindernisse und Beschränkungen schaffte es der Überlebenskünstler wieder schnell nach oben, ja, er ist auf dem besten Weg, ein neues Imperium zu errichten. Mit einer seiner Gesellschaften, der Association for the Cure of Cancer of the Prostate, ist er heute unter anderem der größte private Geldgeber für die Krebsforschung in diesem Bereich. Mit seinem Beratungsunternehmen Nextra testet er zurzeit gerade die Bereitschaft der Börse, in seine Visionen zu investieren.
Sollten Sie gerade einen bösen Absturz hinter sich haben und keine Chance für eine positive Zukunft sehen, versuchen Sie sich doch einmal in die einstige Situation des Michael Milken zu versetzen. Möglicherweise kommen Ihnen Ihre Probleme dann recht klein und bescheiden vor, und Sie sehen auch schon ein paar Wege, sie zu lösen. Denn Sie können, wenn Sie nur wollen! Vergessen Sie das niemals. Milken hatte einen Kampf an mehreren Fronten gleichzeitig auszufechten – finanziell, psychisch und physisch, ganz zu schweigen vom Imageverlust – und er hat es noch einmal geschafft. Was war sein Geheimnis? Er hat stets an

sich geglaubt, sich niemals aufgegeben, er wollte allen zeigen, dass ein Michael Milken nicht umzubringen ist. Und jetzt ist er wieder voll da, gestärkt und gereift durch seine Misserfolge.

**Jack Dempsey**

Ein Mann der Höhen und Tiefen, eine Persönlichkeit, die mich bereits in jungen Jahren faszinierte. Es war in Cannes im Sommer 1975, als ich mich mit der Familie von Jack Dempsey anfreundete. Der ehemalige Boxer war zwar schon ein alter Mann, aber er strahlte immer noch jugendliche Kraft aus und sein Händedruck war imposant. Jedes Mal, wenn er mir die Hand gab, wusste ich, warum seine Hände als Waffe registriert waren. Vielleicht ist Jack Dempsey in Europa nicht so bekannt, aber in Amerika war er ein Idol – der Boxer dieses Jahrhunderts. Der amtierende Präsident rief ihn zu jedem Geburtstag an, Frank Sinatra und andere Größen des Showbusiness zählten zu seinem Freundeskreis. Dempsey kam aus ärmlichsten Verhältnissen, doch sein Ziel war immer gewesen, ein bekannter Boxer zu werden. Er kämpfte sich langsam nach oben und wurde zum Champion. Bis er alles erreicht hatte – Ruhm, Geld, schöne Frauen und Erfolg als Filmstar in Hollywood. Doch der Hollywood-Glamour, schlechte Berater und falsche Freunde machten dem Traum ein jähes Ende. Was sollte er nun tun? Einer, für den das Boxen sein Leben war. Für ein Come-back war er eigentlich schon zu alt. Aber er arbeitete hart und stieg – entgegen allen guten Ratschlägen – doch noch einmal in den Ring. Und er schaffte es. Wieder wurde er zum Champion. Und behielt diesmal sein Geld, seine wirklichen Freunde und seine Familie. Weil er aus den Fehlern, die ihm bei seinem ersten großen Erfolg passiert waren, gelernt hatte. Und was lernen wir daraus? Selbst wenn alle Umstände dagegen sprechen, können wir es ein zweites Mal schaffen – auch ohne Freunde, aber mit starkem Willen und dem Glauben an uns! Wichtig dabei ist, nicht zurückzublicken und dem Verlorenen nicht nachzutrauern. Ich bin mir nicht sicher, aber ich glaube, es war Jack Dempsey, der sagte: „Wir haben die Augen vorne, um vorwärts zu kommen."

**Niki Lauda**

„Junger Mann aus gutem Haus. Ein totaler Versager", so beginnt das erste Kapitel von Niki Laudas Buch „Meine Story". Eine wirklich gute Basis für Fanatismus, den besonders starken Wunsch nach Erfolg, es allen zeigen zu wollen, dass man es doch schafft. Der Schulabbrecher, der eine Mechanikerlehre begonnen hatte, stand unter großem Druck seiner Familie, österreichischer Industrieller, für die er sozusagen das schwarze Schaf war. Doch Niki wusste genau, was er werden wollte, denn er liebte Autos über alles. Kredite standen schon am Anfang seiner Rennfahrer-Karriere. Und Schulden, große Schulden sogar, pflasterten seinen Weg in die Formel 1. Am Ende seiner ersten Saison bei March stand er vor seinem, wie er in seinem Buch sagt, dreifachen Bankrott: Sportlich miserable Ergebnisse, Schulden von zwei Millionen Schilling und keine Aussicht auf einen neuen Vertrag. Damals hatte er nur einen Gedanken, den allerdings „zum ersten, einzigen und letzten Mal" – er wollte seinem Leben ein Ende setzen. Dann pokerte er aber doch weiter, machte noch mehr Schulden und fuhr seine Rennen. Niemals ließ er zu, dass der Druck, der auf ihm lastete, Einfluss auf sein Fahren hatte, bei jedem Rennen konzentrierte er sich voll und ganz auf sein einziges Ziel – den Sieg. 1975 war es dann so weit, Niki Lauda wurde Weltmeister. Nun schien er das Glück überhaupt ganz auf seiner Seite zu haben: Erfolg, Ruhm, Geld und die Frau seines Lebens. Doch knapp ein Jahr später holte ihn das Schicksal mit seinem schweren Unfall am Nürburgring wieder ein. Ich glaube, fast jeder hätte sich in dieser Situation aufgegeben und wäre nie wieder in ein Rennauto gestiegen. Nicht so Niki Lauda. Er kehrte kurze Zeit später in den Formel-1-Zirkus zurück und wurde noch zweimal Weltmeister. Weil er wie schon früher sachlich, emotionslos und angstfrei an die Sache herangegangen war. Eben diese Qualitäten haben ihn auch zu einem großen Unternehmer gemacht, der mit dem Absturz einer Boeing seiner Lauda Air einen zweiten großen Schicksalsschlag verkraften musste. Niki Lauda ist für mich eines der besten Beispiele für „Das Leben ist wie Rock'n'Roll", einmal ganz oben, dann wieder ganz unten. Aber die Besten bleiben auf Dauer ganz oben, wie auch die Rolling Stones.

**Toni Sailer**

1956 holte sich Toni Sailer bei der Olympiade in Cortina D'Ampezzo sechs Goldmedaillen. Damit ist er nicht nur Österreichs erfolgreichster Skifahrer, sondern auch weltweit einer der wenigen, dessen Ruhm bis heute anhielt. In Japan nennt man ihn ehrfurchtsvoll Sailersan. Auch der ehemalige Champion findet, dass Erfolg in jungen Jahren gefährlich sein kann, weil junge Menschen leicht den Bezug zur Realität verlieren.

„Um in einem olympischen Rennen wirklich siegen zu können, muss man auch bereit sein zu verlieren“, erinnert sich Sailer an seine Gefühle von damals. „Denn je größer der Wunsch zu gewinnen ist, umso schlechter fährt man. Unter zu großem Erfolgsdruck fährt man entweder zu riskant oder zu vorsichtig. Und wer nie stürzt, wird immer schlechter.“ Wenn sich der Olympia-Sieger an seine Jahre als Ski-Rennläufer erinnert, weiß er auch, wie es heute den Stars und aufstrebenden Talenten geht. „Wenn ein Skifahrer mehrere Rennen hindurch nicht gestürzt ist, wird er aus Angst vor einem eventuellen Sturz immer langsamer.“ Auch Stürzen kann man lernen. Denn nach einem Sturz, bei dem sich der Läufer nicht verletzt hat, wird er schneidiger und schneller. Er geht angstfrei bis an seine Grenzen, weil er festgestellt hat, dass ein Sturz oft gar nicht so schmerzhaft ist, wie er vielleicht aussieht. Nicht unbedingt physisch, aber psychisch. „Es muss auch ohne Sieg gehen.“

Mit ein Grund für Sailers langfristigen Erfolg nicht nur im Skifahren, sondern auch im Filmgeschäft wie im Privatleben ist bestimmt eine wesentliche Erkenntnis: Sehen Sie in Stürzen keine Misserfolge und haben Sie keine Angst davor, nehmen Sie Ihr gesetztes Ziel – vielleicht die Olympiade oder Weltmeisterschaft zu gewinnen – völlig angstfrei in Angriff. Setzen Sie sich nie selbst unter Druck, denn es gibt auch ein Leben ohne Sieg. Werden Sie immun gegen bestimmte Erwartungshaltungen, erlauben Sie der Gesellschaft nicht, Druck und Angst auf Sie auszuüben.

# WAS ZUM SCHLUSS NOCH GESAGT WERDEN MUSS!

Nachdem Sie dieses Buch gelesen haben, müssten Sie eigentlich „WOW“ sagen, „so einfach ist es, Erfolg zu haben.“ Man benötigt nur genügend Erfahrung. Und da Sie jetzt wissen, dass Erfahrung die Summe aller Misserfolge ist, werden Sie auch vor keinem Misserfolg mehr Angst haben, sondern nur noch Ihr Erfahrungskapital daraus schlagen.

Glauben Sie mir, ich hätte dieses Erfolgsbuch nie schreiben können, wenn ich nicht so intensiv gelebt und so viele Misserfolge überlebt hätte. Und es war immer wieder faszinierend, was ich dabei alles lernen durfte und wie mich jeder Misserfolg auf meiner Erfolgsleiter eine Sprosse weiter nach oben trug. Also scheuen auch Sie sich nicht, dazuzulernen und an sich zu arbeiten.

Ich habe mir ebenfalls vorgenommen, nach Fertigstellung dieses Buches an mir weiterzuarbeiten. Ich muss nämlich nicht ständig beweisen, dass ich es geschafft habe. Ich möchte in Zukunft ein ruhigeres Leben führen und mich mehr auf das Wesentliche konzentrieren. Sie sehen, wir haben nun alle etwas zu tun, nämlich an uns zu arbeiten, um nicht nur ein erfolgreiches, sondern auch ein erfülltes Leben führen zu können. Natürlich gibt es Menschen, die meinen, ein erfülltes Leben müsse nicht unbedingt erfolgreich sein. Aber Hand aufs Herz, glauben Sie das wirklich? Oder haben Sie schon wieder Angst, den großen Erfolg doch nicht zu erreichen, und geben sich deshalb mit einem bescheidenen Leben zufrieden? Sie schaffen es, der eine heute, der andere morgen, aber glauben Sie mir: Ein erfülltes Leben mit Erfolg ist einfach am schönsten. Ich habe zwar schon wichtige Ziele erreicht, aber es gibt schon noch ein paar, die ich im Auge habe.

Eines meiner nächsten Ziele wird sein, ein weiteres Buch zu schreiben: „Durch Misserfolge reifer“. Ich habe nämlich festgestellt, dass mir beim Schreiben meine Misserfolge und die daraus

resultierenden Erfolge viel bewusster geworden sind und ich dadurch ein wenig reifer geworden bin. Neue Erfahrungen, die ich Ihnen nicht vorenthalten möchte.
Wenn es mir mit diesem Buch gelungen ist, Ihnen die eine oder andere Erfahrungsstufe zu ersparen, und Sie ab heute von Ihren Misserfolgen nur noch profitieren, dann haben wir gemeinsam sehr viel erreicht. Denn von nun an werden Sie wie ich den Erfolg Ihrer Misserfolge genießen!
Sollte Ihnen dieses Buch geholfen haben, Misserfolge als Chance für künftige Erfolge zu sehen, und sind Sie der Meinung, dass dieses Buch auch andere Menschen, besonders Ihre Freunde und Bekannten, lesen sollten, dann erzählen Sie ihnen doch davon.
Ihnen, meinen treuen Leserinnen und Lesern dieses Erfolgsbuchs, wünsche ich nun viel Freude an Ihren weiteren Erfahrungen! Und vergessen Sie eines nie:

**ERFAHRUNG IST DIE SUMMER ALLER MISSERFOLGE!**

Und nur erfahrene Menschen sind auf Dauer erfolgreich.

## Literaturnachweis


Noll, Peter; Bachmann, Hans Rudolf: Der kleine Machiavelli. Handbuch der Macht für den alltäglichen Gebrauch. Pendo-Verlag, 1987

Branson, Richard: Business ist wie Rock'n'Roll. Campus, 1999

Lauda, Niki: Meine Story. Verlag Orac, 1985

Wüst, Christian: Das Ding, das vorwärts drängt, Der Spiegel 23/1999

Dornbusch, Rudi: Das Jahrhundert des Kapitalismus – eine einzigartige Prosperität, Der Spiegel 24/1999

Müller-Scholz, Wolfgang: Der Krieg gegen Gates, Capital 3/1999

White, Kate: 9 Geheimnisse der Frauen, die alles bekommen, was sie wollen. Econ, 1999

Baumann, Michael: Microsoft für Bildung, Der Spiegel 16/1999

Risch, Susanne: Eine feine Gesellschaft, Manager Magazin, April 1999

Matador und Bullshit, Focus 21/1999

Interview mit Beate Rotermund, Wirtschaftswoche 24/1999


## Weiterführende Literatur


Altmann, Hans Christian: Kunden kaufen nur von Siegern. Verlag Moderne Industrie, 1998

Eisner, Michael D.: Disney ist jeden Tag ein Abenteuer. Heyne, 1999

Gates, Bill: Digitales Business. Heyne, 1999

Grässlin, Jürgen: Jürgen E. Schrempp – Der Herr der Sterne. Droemer, 1998

Gross, Günter F.: Beruflich Profi, privat Amateur? Berufliche Spitzenleistungen und persönliche Lebensqualität. Verlag Moderne Industrie, 1996

Hill, Napoleon: Napoleon Hills Gesetze des Erfolges. Verlag Norman Rentrop, 1989

Höhler, Gertrud: Spielregeln für Sieger. Econ, 1991

Lejeune, Erich: Du schaffst, was du willst. Verlag Moderne Industrie, 1999

Machiavelli, Niccolò: Der Fürst. Insel-Verlag, 1997

Ogger, Günter: Nieten in Nadelstreifen. Deutschlands Manager im Zwielicht. Droemer, 1992

Raffalt, Reinhard: Große Kaiser Roms. Piper, 1987

Slater, Robert: Wer führt, muss nicht managen. Die unschlagbaren Erfolgsstrategien von Jack Welch. Verlag Moderne Industrie, 1999

Tapscott, Don: Net Kids – Die digitale Generation erobert Wirtschaft und Gesellschaft. Signum Verlag, 1998

Welch, Jack; Lowe, Janet: Jack Welch Speaks. Wisdom from the World's Greatest Business Leader. John Wiley, 1998

Wurtzel, Elizabeth: Bitch – Ein Loblied auf gefährliche Frauen. Karl Blessing Verlag, 1999

Yule, Andrew: Steven Spielberg. Die Eroberung Hollywoods, Knaur 1997

